Marc Ruberg et al.

Spion im Smartphone

Wie unser Alltagsbegleiter zur Falle wird

und wie wir uns davor schützen können

Marc Ruberg et al.

Spion im Smartphone

Wie unser Alltagsbegleiter zur Falle wird und wie wir uns davor schützen können

Diplomatic Council Publishing

1. Auflage 2022
Bücher von Diplomatic Council Publishing werden sorgfältig erarbeitet. Dennoch übernehmen Autoren, Herausgeber und Verlag in keinem Fall einschließlich des vorliegenden Werkes, für die Richtigkeit von Angaben, Hinweisen und Ratschlägen sowie für eventuelle Druckfehler irgendwelche Haftung.

Die bibliografischen Informationen der Deutschen Nationalbibliothek

Die Deutsche Nationalbibliothek verzeichnet diese Publikation in der Deutschen Nationalbibliografie; detaillierte bibliografische Daten sind im Internet über http://dnb.d-nb.de abrufbar.

Gedruckt in Deutschland. Printed in the Federal Republic of Germany.

Gestaltung und Satz: IMS International Media Services, Wiesbaden

Print ISBN: 978-3-947818-85-3
E-Book ISBN: 978-3-947818-86-0

Inhalt

Vorwort

Cybercrime, also Kriminalität über das Internet, gehört zu den größten Bedrohungen unserer digitalen Gesellschaft. Da unsere zivilisierte Welt immer stärker von Computern durchdrungen ist, wird auch die Angriffsfläche, die wir Kriminellen bieten, mit jedem Jahr größer.

Was dabei häufig übersehen wird: Das am weitesten verbreitete „Computermodell" ist unser Smartphone. Für viele Menschen stellt das Smartphone geradezu die Essenz ihres Lebens dar. Es gibt kaum etwas von Relevanz im Leben, das nicht im tragbaren Taschencomputer gespeichert oder damit kontrolliert wird. Welche Menschen wir kennen, welche Orte wir besuchen, welche Fotos uns wichtig sind, welche Nachrichten wir lesen, welche Musik wir hören, welche Filme wir sehen, über welche Banken wir unsere Finanzen abwickeln, mit wem wir uns austauschen und worüber – alles, wirklich alles, ob beruflich oder privat, ist in unserem Smartphone sicher gespeichert! Oder doch nicht so sicher, wie wir meinen?

Ein Grund, warum die meisten von uns ihr Smartphone ständig bei sich tragen, beinahe wie angewachsen, liegt in der Angst, dass wir das Gerät verlieren oder es uns gestohlen wird. Denn damit geht uns sozusagen die Essenz unseres Lebens verloren – oder schlimmer noch, sie gerät in unbefugte Hände. Diese

Verlustangst ist begründet, aber nicht nur, weil uns das Gerät abhandenkommen könnte, sondern weil uns die darauf gespeicherten Daten und der Zugang zu den damit kontrollierten Accounts verloren gehen kann.

Um dem Geräteverlust gleich aus welchem Grund vorzubeugen, haben die meisten von uns ihre Informationen in der Cloud abgelegt. Die Cloud stellt in diesem Sinne ein Spiegelbild unseres Smartphones dar. Sicherer wird die Sache dadurch allerdings nicht. Ganz im Gegenteil sind unsere Daten, die „eigentlich" im Smartphone stecken, über die Cloud möglichen Cyberangriffen sogar stärker als im Gerät selbst ausgesetzt.

Durch die allumfassende Digitalisierung haben wir uns in eine gefährliche Abhängigkeit begeben – wir im Sinne unserer zivilisierten Gesellschaft, aber eben auch jeder einzelne von uns. Der Cyber War findet nicht nur „irgendwo da draußen" statt, sondern unser „digitales Leben", unser Smartphone, ist mittendrin.

Dunkelziffer 90 Prozent

Im Jahr 2020 wurden in Deutschland 108.404 Straftaten im Bereich Cyberkriminalität erfasst. Nur fünf Jahre zuvor waren es „lediglich" 45.793 Fälle gewesen.[1] Das entspricht mehr als einer Verdoppelung in weniger als einer Dekade. Experten schätzen, dass lediglich etwa ein Zehntel aller Cybercrimedelikte zur Anzeige gebracht werden. Die Dunkelziffer wird somit auf rund 90 Prozent veranschlagt.[2]

In der Presse wird überwiegend von Cyber-Attacken auf große Unternehmen und Infrastrukturen berichtet. Der Angriff auf die größte Benzin-Pipeline der USA im Frühjahr 2021, der zu tagelangen dramatischen Versorgungsengpässen führte, stand exemplarisch für das Ausmaß, in dem uns der Cyber War künftig alle betreffen wird – entweder direkt durch einen Angriff auf unsere Computer und Smartphones oder indirekt, indem wir von den Auswirkungen einer Attacke auf Unternehmen und Infrastrukturen betroffen sind. Angesichts einer Cyber-Attacke auf eine US-Versorgungspipeline im Frühjahr 2021 mussten rund ein Dutzend US-Bundesstaaten den Notstand ausrufen. Das war zweifelsohne dramatisch – aber für viele Menschen wäre ein Angriff auf ihr Smartphone mindestens ebenso verheerend, wenn nicht sogar aus persönlicher Sicht noch schlimmer.

Ein digitales Virus in unserem Smartphone

Stellen wir uns für einen Moment ein digitales Virus vor, einen Spion, der sich in unserem Smartphone einnistet, das Gerät manipuliert, uns überwacht und unsere persönlichsten Daten absorbiert. Undenkbar? Kaum jemand konnte sich vorstellen, dass ein biologisches Virus die ganz Welt lahmlegte – bis die Coronajahre 2020/21/22 kamen. Ein Virus, dass unsere Smartphones überfällt, könnte ähnlich gravierende Folgen nach sich ziehen.

Hoffentlich kommt es niemals so weit. Aber es ist besser, auf diese Gefahr vorbereitet zu sein als diese potenzielle

Bedrohungslage zu ignorieren und sich schlimmstenfalls von ihr überraschen zu lassen.

Das Smartphone hat unseren Alltag wie kein anderes Gerät durchdrungen. Das bringt uns viele Vorteile, aber es birgt auch Gefahren, die allzu häufig übersehen werden – bis es zu spät ist.

In diesem Sinne will das vorliegende Buch wachrütteln, die Gefährdungslage beschreiben und die Verantwortlichen veranlassen, die Schutzwälle weiter hochzuziehen. Zudem ist erklärt, was jeder Einzelne selbst tun kann, um sich gegen das Unerwartete zu wappnen.

Marc Ruberg et al.

Unser Leben im Smartphone

Rund vier Milliarden Menschen, also etwa die Hälfte der Menschheit, besitzen ein Smartphone.[3] Wir wachen damit auf, denn der erste Blick nach dem Wachwerden gilt dem kleinen Gerät. Abends blicken wir auf das Display, ob es noch eine letzte wichtige Nachricht gibt, bevor wir die Augen schließen und entschlummern. Die Zeit dazwischen, den ganzen Tag über, tragen wir unseren digitalen Kasten mit uns herum.

Eine Umfrage unter 9.000 Smartphone-Nutzern im Alter von 18 bis 35 Jahren in Europa aus dem Jahr 2021 hat zutage gefördert, welche Bedeutung für die meisten Menschen ihr Smartphone hat.[4] So stimmte 44 Prozent der deutschen Befragten dem Satz „Nimm meine Niere, aber lass mir bitte mein Handy" zu. Die Niere, von denen man zwei im Körper hat und eine ausreichend ist, um weiter zu leben, ist also weniger wichtig als das Smartphone.

95 Prozent der Europäer legen ihr Gerät nachts im Schlafzimmer ab, 90 Prozent sogar direkt neben dem Bett, um es jederzeit in greifbarer Nähe zu haben. Nach dem Aufwachen am Morgen schauen laut Umfrage 77 Prozent binnen weniger Minuten auf das Display, um nichts zu verpassen. Fünf Prozent würden lieber auf ihren Lebenspartner als auf ihren elektronischen Alltagshelfer verzichten.

Eine Studie mit insgesamt 1.000 in Deutschland lebenden Personen über 18 Jahren aus dem Jahr 2021 förderte sogar noch erschreckende Zahlen zutage. Auf die Frage, worauf sie im Leben nicht verzichten möchten, gaben 52 der Frauen an, ohne ihr Smartphone nicht leben zu können, während bei den Männern der Computer mit 53 Prozent ganz vorne stand. Auf dem zweiten Platz landete bei beiden Geschlechtern der Fernseher (Männer: 50 Prozent, Frauen: 51 Prozent). Der Partner bzw. die Partnerin befanden sich – ebenfalls bei Männern und Frauen – mit 49 Prozent erst auf dem dritten Platz der Prioritätenliste. Eine Vergleichsstudie aus dem Jahr 2017 zeigte, dass das nicht immer so war: Damals gab mit 51 Prozent der Großteil beider Geschlechter an, nicht auf den Partner oder die Partnerin verzichten zu wollen. Der Computer und das Smartphone folgten erst später in der Liste.[5]

Wir leben in einer Beziehung zum Smartphone

In der Corona-Pandemie hat sich die „Beziehung" zum eigenen Computer und vor allem zum Smartphone noch verstärkt: Im Lockdown, wenn man kaum jemanden treffen kann, stellt das elektronische Gerät die digitale Nabelschnur zur Außenwelt dar. Experten kennen längst die „Nomophobie"; das ist die Angst, kein Smartphone verwenden zu können. Wer das für schwer nachvollziehbar hält, sollte sich einmal nach der eigenen Reaktion fragen, wenn über längere Zeit kein Netz verfügbar ist – die meisten von uns werden ärgerlich, viele nervös, manche ängstlich, aber kaum jemanden lässt es kalt, ohne Verbindung zu sein.

Laut einer Studie der Beratungsgesellschaft Deloitte schauen die die Deutschen im Schnitt 30-mal am Tag aufs Smartphone, die 18- bis 24-Jährigen sogar 56-mal. Rentner werfen dagegen lediglich neun Blicke pro Tag auf ihr Display.[6]

Neben dem Smartphone gewinnt die Smartwatch rapide an Bedeutung. Längst ist für viele Menschen nicht mehr das Smartphone allein der tägliche Lebensbegleiter. Für Millionen nimmt die Smartwatch einen beinahe ebenso wichtigen Platz im Alltag ein. Beide Geräte – Smartphone und Smartwatch – sind angreifbar.

Wir werden angegriffen

Das World Economic Forum (WEF) bewertete in seinem „Global Risk Report 2020“ Cybercrime als das zweitgrößte Sicherheitsrisiko für die Weltwirtschaft bis zum Jahr 2030. Die größten Cyberattacken liegen also nicht hinter uns, sondern vor uns. Weltweit hat der durch Cyberkriminalität angerichtete Schaden 2020 laut Schätzungen erstmals die Marke von einer Billion Dollar überschritten. Im Allianz-Risikobarometer 2020 bildeten Betriebsunterbrechungen, Pandemien und Hackerangriffe die Spitze der Bedrohungen für die Wirtschaft.[7]

Bei diesen wirtschaftlichen Betrachtungen kommt häufig der persönliche Schaden durch Hackerangriffe auf Privatpersonen zu kurz – obgleich gerade dies für die Betroffenen in der Regel einem Desaster gleichkommt. Dabei geht es nicht nur um das eigene Smartphone oder den Computer im engeren Sinne, sondern auch um alles, was damit gesteuert, kontrolliert und überwacht wird, von den persönlichen Finanzen bis zum Smart Home.

Gefahren im (mobilen) Internet

Nachdem 2020/21 die ganze Welt im Fieber eines biologischen Virus taumelte, ist die Wahrscheinlichkeit hoch, dass die nächste Pandemie von einem Computer- oder Smartphonevirus ausgelöst wird.

In einem vom Bundesnachrichtendienst (BND) als geheime Verschlusssache „VS-Geheim" klassifizierten Planungsdokument, das durch die Enthüllungen des Whistleblowers Edward Snowden bekannt wurde, hieß es bereits 2015:[8]

Cyber-Angriffe stellen durch mögliche Informationsabflüsse aus Staat und Wirtschaft, Beeinflussung, Störung oder Schädigung von Informations-, Kommunikations- oder Steuerungssystemen im öffentlichen wie im privaten Bereich ein hohes Bedrohungspotenzial dar und gefährden Deutschland als führendes Hochtechnologieland und wichtigen Wirtschaftsstandort. Mit den Cyber-Aufrüstungen zahlreicher Länder, darunter China und Russland, sowie krimineller und terroristischer Akteure haben die Bedrohungen deutlich an Professionalität und Quantität zugenommen. Das unaufhaltsam wachsende „Internet der Dinge" wirkt verstärkend. Unscheinbare Dinge des täglichen Gebrauchs, wie zum Beispiel fernsteuerbare Glühlampen oder Internet-Fernseher, können plötzlich von einem Cyber-Angreifer „übernommen" und zu digitalen Waffen umfunktioniert werden, und dies von jedem beliebigen Winkel des Erdballs aus.

Weitsichtiger könnte man die Gefahren einer künftigen digitalen Pandemie auch in den 2020ern Jahren kaum beschreiben. Allerdings hat sich seitdem viel getan: Aus dem ehemaligen Internet ist das sogenannte mobile Internet erwachsen, also das Smartphone. Das war ein durchaus langwieriger Prozess.

Das Festnetz-Internet der 1990er und frühen 2000er Jahre inspirierte viele von uns dazu, sich einen eigenen PC zuzulegen. Dieses Gerät war jedoch weitgehend isoliert von unserem Büro, Wohnzimmer oder Schlafzimmer. Infolgedessen hatten wir nur gelegentlich Zugriff darauf und auf die Nutzung von Computerressourcen und einer Internetverbindung. Das mobile Internet führte dazu, dass sich Millionen von Menschen weltweit ein Smartphone zulegten, um ständig Zugang zum Internet und zu seinen Ressourcen zu haben.

Die Wurzeln des mobilen Internet

Jedermann nutzt heutzutage ein Smartphone, aber wann die Ära des mobilen Internet begann, lässt sich schwer ausmachen. Einige würden die Geschichte des mobilen Internet mit den allerersten Mobiltelefonen beginnen. Andere könnten bis zur kommerziellen Einführung von 2G warten, dem ersten digitalen drahtlosen Netzwerk. Oder war es die Einführung des Wireless Application Protocol-Standards (WAP), der uns WAP-Browser und damit die Möglichkeit gab, von fast jedem „Dumbphone" (Standardhandy) auf eine (eher primitive) Version der meisten Websites zuzugreifen. Oder vielleicht begann es mit der BlackBerry 85x-Serie, den ersten Mainstream-Mobilgeräten, die für mobile Daten entwickelt wurden. Die meisten würden vermutlich sagen, dass das mobile Internet mit dem iPhone, das mehr als ein Jahrzehnt nach dem ersten BlackBerry und acht Jahre nach WAP, fast zwei Jahrzehnte nach 2G, 34 Jahre nach dem ersten Mobiltelefonanruf, auf den Markt kam und seitdem viele der visuellen Gestaltungen des mobilen Internetzeitalters bestimmt hat: die Prinzipien, die App-Ökonomie und die Geschäftspraktiken.

In Wirklichkeit gibt es keinen Tag X, nicht einmal ein bestimmtes Jahr, das sich dem mobilen Internet zuordnen lässt. Das 2007 vorgestellte iPhone fühlte sich an wie der Beginn des mobilen Internets, weil es all die Dinge, die wir heute als „mobiles Internet" bezeichnen, zu einem einzigen, minimal praktikablen Produkt vereint hat, das wir berühren und halten und „lieben" können. Aber das mobile Internet wurde von so viel mehr geschaffen – und angetrieben – als nur dem iPhone.

Tatsächlich meinen wir wahrscheinlich nicht einmal das erste iPhone, sondern das zweite, das iPhone 3G (das mit mehr als dem Vierfachen des Umsatzes das größte Modell-gegenüber-Modell-Wachstum aller iPhones verzeichnete). Dieses zweite iPhone war das erste mit 3G, das das mobile Web nutzbar machte, und es führte den iOS App Store ein, der drahtlose Netzwerke und Smartphones so nützlich machte.

Aber weder 3G noch der App Store waren nur Innovationen oder Kreationen von Apple. Das iPhone griff über Chips von Infineon auf 3G-Netze zu, die über von internationalen Organisationen festgelegte Standards verbunden waren und die von Mobilfunkanbietern wie der Deutschen Telekom auf Mobilfunkmasten eingesetzt wurden. Das iPhone hatte „eine App für beinahe alles", weil Millionen von Entwicklern diese Apps programmiert hatten. Darüber hinaus basierten diese Apps auf einer Vielzahl von Standards – von KDE bis Java, HTML und Unity – die von externen Parteien (von denen einige in Schlüsselbereichen mit Apple konkurrierten) etabliert und gepflegt wurden. Die Zahlungen im App Store funktionierten dank digitaler Zahlungssysteme, die von den großen Banken eingerichtet wurden. Das iPhone war auch von unzähligen anderen Technologien abhängig, von einer Samsung-CPU (wiederum lizenziert von ARM), einem Beschleunigungsmesser von STMicroelectronics, Gorilla Glass von Corning und anderen Komponenten von Unternehmen wie Broadcom, Wolfson und National Semiconductor. Alle diese Produkte und Dienste zusammen ermöglichten das iPhone und leiteten die Ära des mobilen Internet ein.

Betrachten wir kurz das iPhone 12, das 2020 auf den Markt kam, und Apples erstes 5G-Gerät war. Egal, wie viel Geld Apple bereit gewesen wäre zu bezahlen, hätte Apple kein iPhone 12 sagen wir im Jahr 2010 auf den Markt bringen können. Selbst wenn Apple damals einen 5G-Netzwerkchip hätte entwickeln können, hätten schlichtweg keine 5G-Netzwerke zur Verfügung gestanden, es gab noch nicht einmal 5G-Drahtlosstandards, und keine Apps, die die geringe Latenz oder die große Bandbreite von 5G ausnutzen können. Das Beispiel verdeutlicht, dass es nicht einen einzigen Anbieter und nicht einen genau zu definierenden Zeitpunkt für eine bestimmte Innovation gibt, sondern ein Spektrum an Innovationen, die alle zusammenkommen müssen, um eine neue Ära einzuleiten. Das war beim Internet so und es funktionierte nach demselben Schema beim mobilen Internet. Niemand „erfand" es, über Jahre hinweg kam es zu immer neuen Entwicklungen, die alle dazu beitrugen und „plötzlich" war es da.

In allen diesen Fällen geht es nicht nur um Technologie, sondern auch darum, die Nutzer sukzessive an die neue Welt heranzuführen. Es mag sein, dass man schon beim ersten iPhone den Homebutton hätte weglassen können; aber er stellte über viele Jahre hinweg ein wichtiges Orientierungsmerkmal für die Nutzer dar. Wenn man sich in der Navigation verirrte, drückte man auf dem Homebutton und stand wieder „auf sicheren Füßen". Erst, nachdem Millionen von Nutzern dies erlernt hatten, war es möglich, den Homebutton durch eine Wischbewegung auf dem Touchscreen zu ersetzen, wie es seit 2018 bei Apple-Geräten üblich ist.

Ebenso, wie sich die Technologie entwickelt hat, war immer schon auch eine Zunahme der Kriminalität entlang desselben Fortschritts zu verzeichnen. Doch nicht nur die Bandbreite der

Cyberangriffe hat dramatisch zugenommen, sondern auch die möglichen Folgen – und die sind geradezu ins Unermessliche entwachsen.

Große Bandbreite illegaler Aktivitäten

Die Bandbreite illegaler Aktivitäten im bzw. mittels des Internet ist groß und reicht von der Verbreitung von Kinderpornografie im Internet bzw. Sexting (Sex-Texting) via Smartphone über das „Phishing" persönlicher Zugangsdaten, den Handel mit Waffen und Rauschgift bis hin zu Netzwerkeinbrüchen und DDoS-Attacken (Denial of Service, eine Art Dauerfeuer auf einen Internetdienst), der Verbreitung von Schadsoftware, der Bereitstellung krimineller Apps für Smartphones und Betrug. Das Bundeskriminalamt (BKA) hat eine Klassifizierung der häufigsten Cyberstraftaten vorgenommen, die der nachfolgenden Auflistung zugrunde liegt.[9]

Identitätsdiebstahl/Phishing

Die digitale Identität umfasst alle Arten von Daten, Accounts und zahlungsrelevanten Informationen eines Nutzers. Dazu gehören beispielsweise Zugangsdaten in den Bereichen Kommunikation (E-Mail- und Messengerdienste), E-Commerce (Onlinebanking, Onlinebrokerage, Vertriebsportale aller Art wie zum Beispiel Onlinehändler, Reiseportale), berufsspezifische Informationen (beispielsweise für den Onlinezugriff auf firmeninterne technische Ressourcen), E-Government (zum Beispiel die elektronische Steuererklärung), Cloud-Computing, Kreditkartendaten und Zahlungsadressen.

Cyberkriminelle versuchen, beispielsweise durch Phishing, Zugriff auf derartige Daten zu erhalten, um sie hinterher gewinnbringend zu verkaufen oder zur Begehung weiterer Straftaten einzusetzen. Unter „Phishing" versteht man alle Versuche, zum Beispiel durch gefälschte Websites, E-Mails, Kurznachrichten oder Apps zum Downloaden aufs Smartphone an persönliche Daten zu gelangen, um damit einen Identitätsdiebstahl zu begehen.

Einsatz von Schadsoftware

Für das Phishing setzen Cyberkriminelle in der Regel Schadsoftware, auch Malware genannt, ein. Neue Schadsoftwareprogramme entstehen im Sekundentakt und sind darauf ausgelegt, Virenschutzprogramme zu umgehen und Sicherheitslücken auszunutzen. Dabei geht es nicht nur darum, technische Sicherheitshürden zu überlisten, sondern ebenso wichtig ist es, Verbreitung zu finden, um die geplante Erpressung oder Zerstörung auf breiter Flur durchzusetzen.

Die Verbreitung von Schadsoftware erfolgt beispielsweise wie folgt:

- Herunterladen infizierter Anhänge, die meist als Bestandteil Interesse weckender E-Mails oder Messages übermittelt werden;
- „Drive-by-Infection“: Cyberkriminelle präparieren Webseiten im Internet, die Schadsoftware wird durch den Aufruf einer solchen präparierten Webseite am Computer oder Smartphone automatisch heruntergeladen;
- Verteilung über soziale Netzwerke, in denen infizierte Anhänge und entsprechende Links geteilt werden, oder
- „Spear-Infection“: Cyberkriminelle nehmen mittels persönlich adressierter Phishing- oder Infektionsmails gezielt zu bestimmten Personen Kontakt auf, um auf diesem Wege an Daten zu gelangen bzw. das Smartphone des Opfers zu infizieren.
- SMS-/Messaging-Attacken: Die Angreifer senden per SMS bzw. über Messagingdienste wie WhatsApp oder iMessage Nachrichten auf Smartphones, die mit einem Link zum Weiterklicken versehen sind. Entweder wird das Gerät schon beim Klicken unmittelbar infiziert oder – noch perfider – man gelangt auf eine Webseite, die unter Vorspiegelung falscher Tatsachen dazu verführt, streng geheime Daten wie etwa einen Kontozugang einzugeben. Als Absender der Nachricht wird beispielsweise ein Zustelldienst oder eine Bank vorgetäuscht.

Aufgrund der rasant zunehmenden weltweiten Nutzung mobiler Endgeräte bringen Cyberkriminelle zunehmend auch speziell für Smartphones und Tablets entwickelte Schadsoftware in Umlauf, beispielsweise zur Umgehung des Mobile-TAN-Verfahrens im Onlinebanking. Bereits 2017 wurden in mehr als 500 Apps aus dem Google Play Store, dem App Store von Googles Betriebssystem Android, ein Schadcode entdeckt. Über 100 Millionen Android-Nutzer haben die betroffenen Programme heruntergeladen, darunter vor allem Spiele und Wetter-Apps.

Zunehmend werden auch soziale Netzwerke zur Verteilung von Schadsoftware und „tödlichen Links“ eingesetzt. Dabei werden den Nutzern der Netzwerke von vermeintlichen Bekannten oder Freunden Nachrichten mit infizierten Anhängen zugesandt. Wenn diese aufgrund des mutmaßlich bestehenden Freundschaftsverhältnisses gutgläubig geöffnet oder entsprechende Links aktiviert werden, führt dies zur Infektion des Smartphones.

Es ist wohl abzusehen, dass künftig auch Schadprogramme für Wearables, also Computeruhren bzw. Smartwatches, auftauchen werden.

Social Engineering

Schwächstes Glied in einer Sicherheitskette ist meist der Mensch selbst. Dessen sind sich auch Cyberkriminelle bewusst. Durch geschickte psychologische Manipulation verleiten sie ihre

Opfer zu Handlungen, die die Sicherheit ihrer Daten kompromittieren. Sie nutzen menschliche Eigenschaften wie Neugier oder Angst aus, um Zugriff auf Daten zu erhalten oder Rechner zu infizieren. Potenzielle Opfer werden beispielsweise anhand von Angaben in sozialen Netzwerken ausgewählt und gezielt kontaktiert. Beispiele für Social Engineering-Angriffe sind:

- Versand sehr persönlicher und vertrauenserweckender E-Mails oder Messages mit der Aufforderung, aus bestimmten Gründen vertrauliche Informationen preiszugeben (zum Beispiel zur Verifizierung des Onlinebanking-Accounts);
- Gezielter Versand von E-Mails mit gefährlichen Anhängen oder Messages mit ebenso gefährlichen Links an Personen, die zuvor beispielsweise über Informationen in sozialen Netzwerken als adäquates Ziel identifiziert wurden (zum Beispiel Mitarbeiter aus Finanzabteilungen in Unternehmen, Sicherheitsberater oder ähnlich);
- Anfertigung der Kopie eines bereits vorhandenen Nutzer-Accounts in sozialen Netzwerken und Versand von vertrauenserweckenden Nachrichten an dessen Freunde, beispielsweise mit der Bitte um Kontaktaufnahme über eine separate E-Mailadresse oder Handynummer: beim Klick auf die Mailadresse wird dann in der Regel Schadcode auf dem Rechner installiert, beim Versenden einer SMS an die Handynummer muss der Absender bezahlen (Bezahl-SMS).

Ein besonders perfider Trick entwickelte sich im Rahmen der Corona-Pandemie. Aus Angst vor Ansteckung und weil im Lockdown zeitweise ohnehin fast alle Ladengeschäfte geschlossen hatten, schwenkten Millionen von Verbraucher verstärkt auf Onlinebestellungen um. Entsprechend groß war das Liefervolumen, dass DHL, DPD und die anderen Zustelldienste zu bewältigen hatten. Wenn in dieser Zeit eine SMS mit dem Hinweis *„Wir konnten heute ein Paket nicht zustellen. Bitte besuchen Sie...“* oder *„Ihr Paket hat Verspätung. Jetzt Lieferung bestätigen...“* auf dem Display erschien, folgte viele Empfänger dem Link. Doch die Absender waren weder DHL noch DPD, sondern Betrüger: Bei einem Klick auf den Link wurde eine Schadsoftware installiert, die dann SMS-Nachrichten im Sekundentakt an eine von den Betrügern vorprogrammierte Rufnummer verschickte. Wer keine SMS-Flatrate hatte, musste am Ende des Monats mit einer Mobilfunkrechnung in Höhe bis zu 700 Euro rechnen. Selbst wenn man die SIM-Karte rasch sperren ließ, war bis dahin schon ein beträchtliches Kostenvolumen entstanden.[10]

Smishing (SMS Phishing) wird diese Angriffsform genannt, bei der Phishing-SMS/Textnachrichten verwendet werden, um ein potenzielles Opfer dazu zu verleiten, auf einen Link zu klicken und private Informationen zum Angreifer zu senden oder Malware auf das Smartphone zu laden.[11]

Die zweitgrößte Telefongesellschaft Finnlands, Telia, verzeichnete im Spätherbst 2021 in ihrem Netz Millionen von SMS-Nachrichten eines unbekannten Absenders mit einem „tödlichen

Link“. In allen Fällen wurde keine Paketzustellung versprochen, sondern es lag vermeintlich eine Sprachnachricht vor, die man durch einen Klick auf den Link abhören sollte. Wer dem verbrecherischen Link folgte, bekam Malware auf sein Smartphone aufgespielt.[12]

Diese Angriffsform gewinnt verstärkt an Bedeutung, weil im Namen der Sicherheit immer mehr SMS verschickt werden. Zwei-Faktor-Authentifizierung nennt sich das Verfahren: Wer eine Banküberweisung tätigen, eine Kreditkartenzahlung vornehmen oder sich in eine Website einloggen will, erhält tatsächlich eine SMS, um die Transaktion zu bestätigen. So wurden 2021 in Deutschland rund 7,8 Milliarden SMS verschickt – 800 Millionen mehr als im Vorjahr.[13] Das Gros davon geht auf Sicherheitsnachrichten zurück, so dass es nicht verwunderlich ist, wenn der eine oder andere Verbraucher den Unterschied zwischen einer echten Sicherheits-SMS und einer Fake-SMS zu spät bemerkt. Hinzu kommt, dass Verbrecher durch sogenanntes SIM-Swapping SMS-Nachrichten auf ihre eigene elektronischen SIM (eSIM) umleiten lassen können. Hinter einem groß angelegten Angriff auf Microsoft, Vodafone, Samsung und weitere Techkonzerne im Frühjahr, die auf dieser SIM-Betrugsmasche basierte, wurde ein 17-Jähriger aus Oxford als Anführer der Hackergrupppe Lapsus$ vermutet. Wohlgemerkt: Es gelang dem Teenager, mit seinem SMS-Trick die Creme de la Creme der globale Hightech-Industrie zu überlisten, über deren „ziemlich schwache Schutzmaßnahmen“ er lästerte.[14]

Digitale Erpressung

Für digitale Erpressungen setzen Cyberkriminelle häufig sogenannte Ransomware ein. Dabei werden kryptografische Verfahren verwendet, um Dateien und Dokumente auf infizierten Computern oder Smartphones zu verschlüsseln. Für die Wiederherstellung des Zugriffs wird die Zahlung eines Lösegeldes (engl. „Ransom“) gefordert.

Entsprechende Schadsoftware oder die für eine solche Erpressung nutzbaren kriminellen „Dienstleistungen“ können in einschlägigen Foren der Underground Economy erworben werden. Somit ist für die Durchführung digitaler Erpressungen kein besonderer IT-Sachverstand mehr erforderlich.

Mittlerweile gibt es einige Varianten von Ransomware, die nicht nur PCs, sondern auch Smartphons angreifen. Dazu gehört die seit 2020 grassierende Malware-Familie „Black Rose Lucy“ für Android-Smartphones. Dabei geben sich die Kriminellen als FBI aus und behaupten, dass pornografisches Material auf dem Gerät gefunden wurde. Gegen 500 Dollar, die per Kreditkarte zu bezahlen sind, könne man der Verfolgung durch das Gesetz jedoch umgehen. Diese Smartphone-Ransomware wurde hauptsächlich über Links in Social Media und in Messengern verbreitet.[15]

Virtuelle Gewalt: Cybermobbing

Neben Datendiebstahl oder Erpressung gibt es auch weniger greifbare Delikte wie zum Beispiel Cybermobbing: Die virtuelle Gewalt wird zu einem immer größeren Problem, da die digitalen Kanäle den Tätern Anonymität garantieren, die Hemmschwelle sinken lassen und eine rasend schnelle und umfassende Verbreitung ermöglichen. In der Altersgruppe der 12- bis 19-Jährigen gab 2020 jeder Dritte an, persönlich oder in seinem Umfeld bereits Erfahrungen mit Cybermobbing gemacht zu haben. Bei den älteren Teenagern unter ihnen waren es sogar knapp 40 Prozent.

Doch nicht nur unter Schülern wird gemobbt. Auch bei den Erwachsenen mehren sich die Fälle. Denn unter Mobbing fallen nicht nur Beschimpfungen und Beleidigungen oder das Verbreiten von Lügen und Gerüchten, sondern auch die Veröffentlichung peinlicher oder kompromittierender Bilder und Videos sowie Erpressung und Bedrohung. Knapp zwei Drittel der Fälle spielen sich im privaten Lebensraum ab; doch die Grenzen zum Arbeitsumfeld sind meist fließend.[16]

Einen Schwerpunkt bilden beim Mobbing die sozialen Netzwerke. Das hängt damit zusammen, dass immer mehr Menschen augenscheinlich mehr oder minder blind glauben, was auf Facebook, Instagram, Tiktok und so weiter zu lesen ist. Manche meinen sogar, dort besser informiert zu werden als über die sogenannten „Mainstream-Medien“, also etwa die Onlineportale renommierter Nachrichtenredaktionen. Tatsächlich kann jedermann über die sozialen Medien beliebige wahre aber eben auch falsche News verbreiten, völlig unkontrolliert, praktisch unzensiert (solange es keine Beleidigungen oder Hassreden sind). Das öffnet Mobbing Tür und Tor, aber auch Falschdarstellungen jedweder Art.

Daten und Hacken sind ein- und dieselbe Medaille

Die schier unbändige Datensammelwut von Staat und Wirtschaft auf der einen Seite und auf der anderen Seite das unbefugte Eindringen in Datennetze, um eben diese Daten zu stehlen, zu manipulieren und zu missbrauchen, sind zwei Seiten ein- und derselben Medaille. Wenn im vorliegenden Buch das unaufhaltsame Erfassen, Speichern und Verarbeiten unserer persönlichen Daten durch Behörden und Firmen kritisiert wird, dann dient das dem Schutz unserer Privatsphäre im doppelten Sinne: erstens vor eben diesen Behörden und Firmen, und zweitens vor Cyberkriminellen, die diesen Verwaltungen und Unternehmen unsere Daten entreißen. Jedes Datensilo, das von staatlicher oder unternehmerischer Seite errichtet wird – und sei es aus noch so gutem Grunde –, stellt geradezu eine Einladung an Hacker dar. Wie in diesem Buch gezeigt, ist es ein Irrglaube, dass Staat und Wirtschaft unsere Daten so gut speichern könnten, dass sie vor unbefugten Zugriffen geschützt sind. Vielmehr entstehen durch die Sammelwut immer größere Datensilos, wodurch die Verletzlichkeit unserer Privatsphäre und weit darüberhinausgehend letztlich unserer zivilisierten Gesellschaft immer mehr zunimmt.

Wir steuern auf eine Digitalzivilisation zu – andere sagen, wir seien schon mittendrin –, die zusammenzubrechen droht, wenn die Datennetze, die Software, die Algorithmen und die Informationsberge gestört oder gar zerstört werden.

Jeder kann Hacker werden

Hacker sind ausgebildete IT-Spezialisten, die auf der falschen Seite stehen. So lässt sich das kriminelle „Berufsbild" der Cyberverbrecher bezeichnen. Doch es gibt auch Angriffswerkzeuge, die beinahe jedermann einsetzen kann, ohne besonderes Know-how. Man klickt sich die gewünschten Cyberwaffen wie in eine Art Baukasten einfach an, bezahlt und ist damit selbst ein Cyberkrieger. Damit steigt die Bedrohungslage naturgemäß deutlich an.

„Emotet" war ein Beispiel für einen breit angelegten „Angriff aus dem Baukasten", der allerdings Computer ins Visier nahm, nicht Smartphones. Aber für das Prinzip dahinter – die Angriffswerkzeuge für jedermann als Baukasten bereitzustellen – war es eine Feuertaufe.

Es ist davon auszugehen, dass künftig ähnliche „Cyberwar-Baukästen" auch für Attacken auf Smartphones in kriminellen Kreisen verfügbar werden bzw. zum Zeitpunkt des Erscheinens dieses Buches wahrscheinlich schon verfügbar, aber noch nicht bekannt sind.

Emotet: gefährliche Freunde

In den Coronakrisenjahren 2020/21 war unter dem Namen „E-motet“ eine besonders perfide Angriffssoftware im Internet unterwegs. Gefälschte E-Mails, die vorgeblich von Freunden oder Kollegen kamen, überschwemmten die Netzwerke vor allem von Firmen. Da der Absender ein vermeintlich guter Bekannter ist, haben die Empfänger die E-Mails überwiegend sorglos geöffnet – und sich dadurch mit einem Schadprogramm infiziert. Die Täter nutzten die Aufregung um Corona, denn die gefälschten E-Mails boten aktuelle und wichtige Informationen rund um das Virus an. Hierzu forderten sie die Opfer auf, die Anhänge zu öffnen oder Links anzuklicken. In beiden Fällen lud sich das Opfer unbemerkt einen Trojaner herunter. Dabei war Emotet in der Lage, alle gängigen Antivirenschutzprogramme zu täuschen, indem der Schadcode bei jedem neuen Abruf leicht geändert wurde. Kaum hatten die Schutzprogramme einen Schadcode erkannt und waren bereit, ihn abzuwehren, hatten sich diese leicht verändert und schlüpften durch die Sicherheitssysteme. Die Schutzprogramme liefen also den Softwaremutationen beinahe ebenso hilflos hinterher wie über Monate hinweg das biologische Coronavirus 2021 durch ständige Mutationen die Wirksamkeit der Impfstoffe in Frage stellte.

Emotet erwies sich als eine der größten Bedrohungen durch Schadsoftware weltweit. Denn sobald sich der Trojaner installiert hatte, lud er sofort weitere Betrugsprogramme wie etwa den Banking-Trojaner Trickbot nach. Alle diese Schadprogramme führten zum Datenabfluss und ermöglichten den Cyberkriminellen teilweise die völlige Kontrolle über die Computersysteme. Zu den Opfern gehörte beispielsweise das Berliner Kammergericht, das selbst ein Jahr nach dem Angriff nur begrenzt arbeitsfähig war. Der Schaden wurde auf mehrere Millionen Euro beziffert.

In vielen Unternehmen kam es zu langatmigen Produktionsausfällen, weil die Firmennetzwerke neu aufgebaut werden mussten. Denn das Fatale an Emotet war, dass man schlichtweg nicht wusste, welche weitere Software der Trojaner nachgeladen hatte. Daher sahen sich die meisten betroffenen Behörden und Unternehmen gezwungen, ihre Softwaresysteme von Grund auf neu aufzusetzen. Zu groß schien die Gefahr, dass unbemerkt noch Schädlinge im Netz verbleiben würden, wenn man probierte, die Altsysteme sozusagen zu reparieren.[17]

Das Bundesamt für Sicherheit in der Informationstechnik (BSI) ging davon aus, dass die Entwickler von Emotet ihre Software und ihre Infrastruktur an Dritte untervermieteten. Diese setzten dann weitere Schadsoftware wie Trickbot und Ransomware ein, um ihre eigenen Ziele zu verfolgen. Es war also ein Cyber-Verbrechernetz zum Mieten.

Mangelnde Innovationskraft kann man den Cyberkriminellen nicht vorwerfen, wie das Beispiel Emotet erschreckend verdeutlichte. Es ging also einmal mehr „nur“ um Geld.

Erpressungssoftware zum Mieten

Ransomware-as-a-Service (RaaS), also Erpressungssoftware zum Mieten, ist übrigens ein gängiges „Geschäftsmodell". Hierbei stellt der Anbieter nicht nur die Software auf dem Schwarzmarkt bereit, sondern bietet auch die entsprechende technische Unterstützung. Die Ermittlungsbehörden kamen Anfang 2021 einem besonders spektakulären Fall auf die Schliche, bei dem sich französische Cybererpresser für ihre illegalen Machenschaften die benötigte Ransomware von der ukrainischen Ransomwarebande Egregor gemietet hatten.[18]

Das Mietmodell verschaffte der „Branche" neue Höhenflüge: Allein die zehn größten Ransomwareschädlinge 2020 brachten den Verbrechern dahinter rund 380 Millionen Dollar ein. Das entsprach einer Steigerung von 311 Prozent gegenüber dem Vorjahr.[19]

Für die 2020er Jahre sind ähnlich starke Wachstumsraten zu erwarten, vor allem, weil die Täter zunehmend Firmen und weniger Privatpersonen angreifen, wie es in früheren Jahren der Fall war. Das hat einen einfachen Grund: Bei Unternehmen ist in der Regel mehr zu holen als im Privatbereich. Der Cybereinbruch bei den Unternehmen ist zwar schwieriger als bei privaten Rechnern. Aber die Cyberkriminellen verfügen teilweise mittlerweile über einen Grad an Professionalität, mit dem sie selbst hohe Sicherheitshürden mühelos überwinden. Wer meint, damit seien Firmencomputer stärker gefährdet als Smartphones, der irrt: Die Smartphones der Beschäftigten eines Unternehmens sind in der Regel eine besonders lohnende Beute, weil sich darin häufig Zugangswege zu den Firmenrechnern befinden.

Selten geht es übrigens darum, die Unternehmen zu zerstören, häufig stehen eine Erpressung oder ein Datendiebstahl im Mittelpunkt der Attacken. Denn mit entwendeten Daten, etwa Ausweis- und Kreditkartendaten, lässt sich viel Geld „verdienen". Daher fällt dem Datenschutz und vor allem der Datensicherheit eine kritische Rolle in unserer Informationsgesellschaft zu.

Account geknackt, erpresst, verfolgt

Wir werden abgehört, unsere Accounts werden geknackt, wir werden über die digitalen Netze erpresst und im Internet und insbesondere im mobilen Internet, also über unsere Smartphones, verfolgt. Einige besonders dreiste Beispiele für diese Welt der Cyberkriminalität werden im folgenden dargestellt. Dabei wird klar: Cyberangriffe sind nichts neues, sondern seit Jahren auch im großen Stil längst in Gange.

Drei Milliarden Konten geknackt

Drei Milliarden (!) Nutzer-Accounts wurden im Jahr 2013 beim Onlinedienst Yahoo geknackt. Unter den gestohlenen Daten seien keine Passwörter im Klartext sowie keine Kreditkarten- oder Kontoinformationen, wiegelte das Unternehmen ab. Dennoch verschafften sich die Angreifer Zugriff auf Namen, E-Mail-Adressen, Telefonnummern sowie unkenntlich gemachte Passwörter. Ein Problem bestand darin, dass wohl auch Antworten auf Fragen bei vergessenen Passwörtern betroffen waren, die auch auf anderen Websites vorkommen könnten.

Der Yahoo-Hack gilt bis heute als der weltweit größte bekannte Datendiebstahl der Geschichte. Bei ähnlichen Vorfällen waren „nur“ 100 Millionen Datensätze (jeweils bei LinkedIn und im russischen Netzwerk Vk.com), 83 Millionen (J.P. Morgan), 80

Millionen (US-Krankenversicherung Anthem), 68,7 Millionen (Dropbox), 56 Millionen (US-Baumarktkette Home Deport), 45,6 Millionen (US-Einzelhandelskette TJX), 40 Millionen (Supermarktkette Target), 21,5 Millionen (US-Personalverwaltung), 15 Millionen (Sony Pictures) und 15 Millionen Datensätze (T-Mobile) erbeutet worden. Es kommt indes nicht nur auf die Anzahl der Betroffenen an, sondern auch darauf, welche Informationen die Datendiebe erbeuten. So gelang es Cyberkriminellen im Jahr 2017 beim Angriff auf die Wirtschaftsauskunftsdatei Equifax, die Sozialversicherungsnummern von 145,5 Millionen Amerikanern zu stehlen. Mit der Sozialversicherungsnummer kann man sich in den Vereinigten Staaten beispielsweise bei Vertragsabschlüssen identifizieren.

Die Diebe bei Yahoo kamen nicht etwa über Nacht, sondern entwendeten die personenbezogenen Daten über Monate oder gar Jahre hinweg, ohne dass es dem Unternehmen aufgefallen wäre. Yahoo wurden offenbar bereits im Jahr 2014 mindestens 500 Millionen Kundendaten gestohlen und erst als man diesem Vorfall nachging, wurde klar, dass noch 2,5 Milliarden weitere Datensätze einem Diebstahl zum Opfer gefallen waren. Über Jahre hinweg hatten also die Betroffenen nicht einmal Kenntnis davon, dass ihre Konten geknackt waren. Man könnte eigentlich annehmen, dass die Digitalkonzerne ihre Firmennetzwerke permanent und lückenlos auf ungewöhnlichen Datenverkehr und mögliche Angriffsszenarien überprüfen. Nur so können sie im Fall der Fälle Angriffe noch stoppen oder – falls es dazu zu spät ist – die betroffenen Nutzer wenigstens informieren, so dass diese beispielsweise rasch ihre Passwörter ändern können.

50 und 533 Millionen Facebook-Konten betroffen

Im September 2018 musste Facebook ein Sicherheitsproblem mit 50 Millionen Konten eingestehen. Hacker hatten offenbar die sogenannten „Access Tokens“ der Nutzer in die Finger bekommen, die dafür sorgen, dass man sich beim wiederkehrenden Besuch nicht erneut anmelden muss. Anders ausgedrückt: Wenn die Hacker diese Token haben, haben sie damit zumindest potenziell die Möglichkeit, auf die jeweiligen Konten zuzugreifen. Offenbar hatten die Angreifer die Funktion „Anzeigen aus Sicht von“ missbraucht, die daraufhin zumindest zeitweise außer Kraft gesetzt wurde.

2021 wiederholte sich die Geschichte, dieses Mal allerdings mit 533 Millionen Facebook-Nutzerdaten, inklusive Telefonnummern. Die Hacker hatten die persönlichen Daten vor 2019 erbeutet, also zwei Jahre, bevor der Raubzug ans Licht der Öffentlichkeit gelangte. Besonders dreist: Die Datendiebe boten ihre Beute frei im Internet an, für 20 Dollar pro Person. Wer 10.000 Datensätze auf einmal abnahm, erhielt 5.000 Dollar Rabatt. Angeboten wurden die Daten über ein Botnetz im sozialen Netzwerk Telegram, in dem sich traditionell zahlreiche kriminelle Elemente tummeln.[20]

Das besonders Fatale am Datenklau in sozialen Netzwerken ist nicht nur, dass die Diebe die Identität des Nutzers im jeweiligen Netzwerk übernehmen können – obgleich das schon unangenehm genug sein kann –, sondern darüber hinaus, dass viele Menschen ein- und dieselben Zugangsdaten für mehrere digitale Services verwenden. Also beispielsweise kommt die gleiche Kombination aus Nutzername und Passwort zum Einsatz, um sich bei Facebook, Amazon und dem Börsenportal eToro anzumelden. Wer die Zugangsdaten bei Facebook kennt, kann also anschließend im Namen und auf Kosten des Betrogenen auch online shoppen gehen oder das Aktiendepot manipulieren.

Die verheerendste Cyberattacke aller Zeiten

Unter dem Namen „Petya" ging seit 2016 eine Gruppe von Erpressungstrojanern auf Raubzug, die ohne Wissen des Opfers alle Dateien im Computer verschlüsselten. Man muss kein Prophet sein, um vorauszusehen, dass diese Angriffsform künftig auch Smartphones treffen wird. Daher wird sie anhand von „Petya" nachfolgend ausführlicher dargestellt.

Der Begriff „Trojaner" bezeichnet in diesem Zusammenhang eine Schadsoftware, die gezielt in einen Computer eingeschleust wird, um von innen heraus anzugreifen. „Trojaner" ist metaphorisch vom „Trojanischen Pferd" der Mythologie abgeleitet. Der Legende nach konnte die unbezwingbare Stadt Troja nur durch einen Trick eingenommen werden: Die Angreifer präsentierten den Bewohnern ein riesiges Holzpferd als Friedensangebot. Im

Inneren des Pferdes verbargen sich jedoch feindliche Soldaten, die auf diese Weise Zugang zum Stadtinneren erlangten.[21]

Beim Erpressungstrojaner Petya wurde der Betroffene, dessen Festplatte durch Verschlüsselung unbrauchbar gemacht worden war, aufgefordert, Lösegeld für eine System- bzw. Datenwiederherstellung zu zahlen. Petya ist ein in slawischen Sprachen wie dem Russischen weit verbreiteter Kosename, der mit „Kleiner Peter“ oder „Peterchen“ übersetzt werden könnte.[22] Im Unterschied zu früheren Angriffen mit sogenannter Ransomware („Erpressungs-Software“) verschlüsselte der „Kleine Peter“ nicht nur einzelne Dateien auf dem Zielrechner, sondern blockiert den Zugang zum gesamten Computer.[23] Im Laufe weniger Monate kamen 2016/17 mehrere Varianten zum Einsatz. Die „klassische“ Petya-Version war am Totenkopf-Symbol auf dem Bildschirm zu erkennen und einer glasklaren Anweisung an das Opfer, wie das Geld zu zahlen sei.

Die Festplatte Ihres Computers wurde mit einem militärischen Algorithmus verschlüsselt. Es gibt keine Möglichkeit, Ihre Daten wiederherzustellen ohne einen Spezialschüssel. Sie können diesen Schlüssel im Darknet kaufen wie im zweiten Schritt erklärt.

Um Ihren Schlüssel zu kaufen und Ihre Daten wiederherzustellen, folgen Sie diesen drei einfachen Schritten:

1. *Laden Sie den Tor-Browser unter https://www.torproject.org/ herunter. Falls Sie Hilfe benötigen, suchen Sie auf Google nach „access onion page“.*

2. *Rufen Sie mit dem Tor-Browser eine der folgenden Seiten auf:*

   http://petya37h5tbhyvki.onion/N19fvE

   http://petya5koahtsf7sv.onion/N19fvE

3. *Geben Sie Ihren persönlichen Entschüsselungscode hier ein:*

   (Leerfeld)

Falls Sie Ihren Schüssel bereits gekauft haben, geben Sie ihn hier ein:

(Leerfeld)

Das klang bedrohlich und es ist unklar, wie viel Erpressungsgeld von Opfern überall auf der Welt gezahlt wurde. Indes fand die deutsche Firma Ingenieursozietät Dipl.- Ing. Rolf B. Drescher VDI & Partner schon wenige Monate nach dem erstmaligen Auftauchen von Petya einen Weg, die gehackten Festplatten auch ohne Lösegeldzahlung wieder zu entschlüsseln und machte dieses Verfahren öffentlich. Die Erpresser rächten sich, indem sie eine Schadsoftware namens „Golden Eye" massenhaft mit der Ingenieurssozität als vermeintlichem Absender streuten.[24]

Doch die ernsthafte Krise kam nicht mit „Peterchen", sondern kurz danach mit „Nicht Peterchen", also NotPetya. Die verneinende Variante war eher ein „Großer Peter" und richtete teilweise verheerende Verwüstungen an. Der „Große Peter" hatte es nämlich gar nicht auf Geld abgesehen, sondern war schlichtweg programmiert und auf die Menschheit losgelassen worden, um für Randale zu sorgen. Die Schäden, die NotPetya auf den befallenen Computern anrichtete, waren irreparabel, die auf den Rechnern gespeicherten Daten unwiederbringlich verloren. [25] Fachleute sprechen von einem „Wiper“, einem Programm, das einzig und allein dazu dient, Datenbestände auszulöschen.[26]

Einen ähnlichen Angriff hatte es bereits 2012 gegeben, damals auf den saudi-arabischen Ölkonzern Saudi Aramco und weitere für die Öl-, Gas- und sonstige Energieversorgung der Welt wichtigen Konzerne. Damals hatte eine Hackergruppe namens „The Cutting Sword of Justice“ die Verantwortung für das Schadprogramm „Shamoon“ übernommen und den Angriff mit „Verbrechen und Gräueltaten“ begründet, die das „saudische Regime“ in den Nachbarländern, insbesondere „Syrien, Bahrain, Jemen, Libanon, Ägypten“ mit Hilfe „muslimischer Ölressourcen“ begangen habe.[27] Die Attacke auf Saudi Aramco war zugleich ein Angriff auf die Weltwirtschaft mit ihrer Abhängigkeit von unterbrechungsfreien Öllieferungen. Beinahe zeitgleich wurde RasGas, ein Joint Venture zwischen Quatar Petroleum und ExxonMobil, der Gasförderer des Nachbarlandes Katar, Opfer eines Cyberangriffs.[28] Doch in allen Fällen waren einzelne Firmen mehr oder minder gezielt angegriffen worden. Das war beim „Großen Peter“ genauso – aber mit einem zuvor unbekannten Multiplikatoreffekt.

Bei der Verbreitung von „Nicht Peterchen“ waren die Urheber überaus geschickt vorgegangen. Sie infizierten zunächst mit einem Hack die ukrainische Firma MeDoc, deren

Buchhaltungssoftware auf rund einer Million Rechner in der Ukraine lief. Mit einem automatischen Software-Update von MeDoc wurde das Schadprogramm am 27. Juni 2017 mit einem Schlag auf alle diese Computer verteilt und breitete sich danach rasant weltweit aus. Es stellte ein Novum dar, dass ein Computerschädling von einem anerkannten Hersteller einer gängigen Software mit einem regulären Update unfreiwillig mit ausgeliefert wurde. Der dadurch erzielte Multiplikatoreffekt war enorm. Zu den Geschädigten zählten beispielsweise der deutsche Chemiekonzern Baiersdorf, der russische Ölproduzent Rosneft, der amerikanische Pharmakonzern Merck Sharp & Dohme, der Lebensmittelproduzent Modelez und die dänische Reederei Maersk.[29] Das renommierte Fachmagazin *Wired* nannte es die „verheerendste Cyberattacke aller Zeiten“. Die Rederei A. P. Moller-Maersk bezifferte die Kosten der Cyberattacke für den eigenen Betrieb auf bis zu 300 Millionen Dollar. Der Logistikdienstleister TNT Express kam auf die gleiche Summe. Insgesamt gingen die durch NotPetya verursachten Schäden Schätzungen zufolge in die Milliarden. Als Verursacher wurden Cyberkrimmelle im Auftrag des russischen Militärgeheimdienstes GRU (Glawnoje Raswedywatelnoje Uprawlenije) vermutet.

Es war der NotPetya-Angriff, der einen Weckruf für viele Unternehmen rund um den Globus darstellte, sich besser auf Attacken auf ihre IT-Systeme vorzubereiten. Vielen Firmenverantwortlichen wurden überdeutlich vor Augen geführt, dass ihre Unternehmen weder über eine ausreichende Vorbeugung verfügen noch über hinreichende Vorbereitungen zur Wiederherstellung der angegriffenen IT-Infrastruktur. Wichtig ist beides: Zum einen wird mit einem möglichst starken und umfassenden Schutzwall versucht, Eindringliche vor der Tür zu halten. Zum anderen gilt es, darauf vorbereitet zu sein, dass dies nicht in jeden Fall gelingt und es darum geht, zerstörte Computersysteme und verloren gegangene Daten so schnell wie möglich wieder herstellen zu können.

NotPetya hat zudem vielen Unternehmen klar gemacht, dass sie auch dann zum Opfer eines Cyberkriegs werden können, wenn sie gar nicht das eigentliche Ziel sind. So lässt sich vermuten, dass der russische Angriff auf eine ukrainische Buchhaltungssoftware primär darauf abzielte, die Wirtschaft in der Ukraine lahmzulegen. Doch die vermutlich ungewollten Auswirkungen trafen Unternehmen beinahe aller Branchen rund um den Globus. „Kollateralschäden" nennt man das im Militärjargon – und es steht exemplarisch dafür, dass es längst über einzelne Hackerangriffe hinaus um einen Cyberwar geht.

Die Angriffe der Cyberkriminellen auf Firmen und staatliche Einrichtungen setzen sich fort. Die Zuwachsraten sind beeindruckend oder vielleicht sollte man besser „erschreckend" sagen. Jede Sekunde geschehen Tausende von Bedrohungen im Internet. In vielen dieser Fälle stehen unsere persönlichen Daten zur Disposition, die wir einem Unternehmen oder einer Behörde anvertraut haben. In der Bundesrepublik Deutschland lag die Anzahl der Opfer von Internetkriminalität im Jahr 2020 bei rund

17,7 Millionen. Immer häufiger sind Smartphone-Delikte darunter.

Smartphones als Wanze

Manchmal habe ich das Gefühl, mein Smartphone belauscht mich heimlich, weil ich anschließend über Social Media Werbung bekomme, die unmittelbar an ein Gespräch anknüpft. Wen dieses Gefühl beschleicht, der könnte durchaus Recht haben.

Ein Rechercheteam des Bayerischen Rundfunks (BR) machte im Frühjahr 2022 eine Probe aufs Exempel. Hierzu wurde eine App für Apples iOS und Googles Android entwickelt, die vom Nutzer den Zugriff auf das Mikrofon aus einem plausiblen Grund anforderte: Die App war einem Social Network nachempfunden und bot die Möglichkeit, Katzenfotos per Sprache zu kommentieren. Ihre eigentliche Aufgabe war es jedoch, möglichst lange Audiomitschnitte an einen Server im Netz zu übertragen, ohne dass der Nutzer etwas davon mitbekommt.

Auf dem iPhone zum Laufen gebracht, signalisierte ein gelber Punkt auf dem Display, wenn eine Aufzeichnung lief. Beim Wechsel zu einer anderen App lief die Aufnahme zwar im Hintergrund weiter, das Betriebssystem verstärkte jedoch seine Warnung und machte durch ein rot hinterlegtes Mikrofonsymbol auf den Zugriff aufmerksam. Wurde das Handy gesperrt, stoppte die Aufzeichnung. Ein heimliches Mitlauschen war nicht möglich.

Anders bei Android: Mit einem einfachen Programmkniff gelang es, die App so zu gestalten, dass sie mindestens eine Stunde lang unbemerkt zuhören konnte. Die BR-Journalisten schafften es mühelos, die Spionage-App in den Google Playstore einzustellen.

Gesprächsinhalte lassen sich jedoch nicht nur über die Mikrofone belauschen. So demonstrierten US-Forscher, dass auch die in Smartphones verbauten Beschleunigungssensoren (Accelerometer) mitunter so sensibel sind, dass sie ebenfalls akustische Schwingungen erfassen.[30] Tests des BR-Teams zeigten, dass Gespräche im Raum zwar nicht zu nennenswerten Schwingungen führten, sehr wohl aber Telefonate, die über die Freisprechfunktion des Android-Smartphones geführt wurden.[31]

Die US-Forscher gingen noch weiter: Mit einem KI-Modell gelang es ihnen, einzelne Wörter und Ziffern in den Sensordaten zu identifizieren. Solche Angriffe bezeichnet man als Seitenkanalattacken (Side-channel attack). Sie sind besonders problematisch, weil sie vorhandene Schutzkonzepte häufig umgehen: Während der Zugriff auf das Mikrofon durch das Betriebssystem geschützt ist, können Apps meist uneingeschränkt auf Sensoren zugreifen.

Die renommierte Tageszeitung *New York Times* identifizierte 2021 gut 1.000 Apps, die tatsächlich im Hintergrund mithören, überwiegend waren es Spiele. Nach Recherchen der Journalisten nutzten zahlreiche dieser Apps eine Software namens „Alphonso“, die dem Fernseher, Radio oder Kino im Hintergrund zuhört, um zu erkennen, welche Sendungen geguckt bzw. gehört werden.[32] Wird eine App geöffnet, in der Alphonso steckt, werden die ersten 15 bis 20 Sekunden aufgenommen. Danach werden etwa alle 15 Minuten rund 15 Sekunden aufgezeichnet, um Akkuleistung zu sparen. Bei einer permanenten Bespitzelung bestünde die Gefahr, dass der Smartphone-Akku binnen kurzem leer wäre. Alphonso wertete die abgehörten Geräusche aus und erstellte daraus einen digitalen Fingerabdruck, ein kleines Datenpaket, in dem spezielle Merkmale des Mitschnitts gespeichert sind. Dieses Paket wurde an einen Alphonso-Server geschickt und dort mit einer riesigen Datenbank an Fingerabdrücken abgeglichen, um herauszufinden, was gehört wurde.

Als Fazit lässt sich festhalten, dass es technisch möglich ist, dass Smartphone-Apps unter bestimmten Voraussetzungen Gespräche heimlich belauschen und das dies auch passiert. Allerdings erfolgt es wohl eher durch App-Anbieter als durch die Digitalriesen selbst. Für die ist es in der Regel auch gar nicht nötig, weil die Nutzer sowieso schon viele Daten hinterlassen, die auf ihre individuellen Interessen schließen lassen. Zudem haben die Digitalkonzerne wie Apple oder Google ganz andere Möglichkeiten, den digitalen Fußabdrücken ihrer Kundschaften zu folgen, etwa durch eine Kontaktverfolgung.

Smartphone-Verfolgung seit Corona

Angesichts der Coronavirus-Pandemie nahmen Apple und Google 2020 das gewaltigste Personenverfolgungssystem in Betrieb, das die Welt je gesehen hat: Es umspannt rund drei Milliarden Menschen, also etwa ein Drittel der Weltbevölkerung.[33] Zur Pandemiebekämpfung hatten sich die beiden Erzrivalen darauf verständigt, alle iPhones und alle Android-Smartphones, ältere wie neue Geräte, mit einer Software zu versehen, die merkt, wenn sich zwei Personen nahekommen. Als Technologie kommt Bluetooth zum Einsatz, ein Übertragungsverfahren, das beispielsweise zur Verbindung drahtloser Kopfhörer dient. Seit 2020 gibt es hierfür eine völlig neue Verwendung und die funktioniert so: Auf das Virus positiv getestete Personen – also Infizierte – erhalten in ihrem Smartphone eine Art Markierung. Daraufhin ist das Apple/Google-System in der Lage, alle Kontaktpersonen des Markierten in der Vergangenheit und in der Zukunft zu identifizieren. Das Argument in der Pandemie: So können Infektionsketten automatisch und lückenlos verfolgt werden. Und: Das eigene Smartphone kann Alarm schlagen, sobald man sich einer infizierten Person nähert. Die Überwachung erhöht also die eigene Sicherheit und hilft zugleich bei der Bekämpfung der Pandemie.

Doch werden Apple und Google das System nach Beendigung der Pandemie wieder abschalten? Mit Sicherheit nicht! Denn obgleich beide Konzerne nicht müde wurden, die Freiwilligkeit der Teilnahme am Überwachungsprogramm zu betonen, bauten sie die neue Technologie fest verankert in ihre Betriebssysteme ein, so dass sie dauerhaft in allen Geräten verbleibt. Für eine freiwillige temporäre Maßnahme wäre es völlig ausreichend gewesen, eine gemeinsame App zum Download anzubieten. Wer teilnehmen möchte, lädt sich die App herunter. Doch das war den beiden Digitalgiganten offenbar zu wenig: Sie nutzten die Gunst des Jahres 2020, um eine dauerhafte Kontaktüberwachung (Contact Tracing) für ein Drittel der Menschheit in ihren Geräten zu implementieren.[34] Man muss sich klar machen: Die Kontaktkontrolle findet in denselben Geräten statt, deren genauer Standort mittels GPS jederzeit feststellbar ist und in denen die meisten von uns alle ihre persönlichen Kontakte, ihre Bilder, ihre Passworte und immer häufiger auch ihre gesundheitlichen Vitalwerte etwa im Zusammenhang mit einer Smartwatch gespeichert haben. Für die meisten Menschen ist ihr Smartphone im Grunde eine Konzentration ihres gesamten Lebens. Hinzu kommt: Apple und vor allem Google sammeln seit mehr als 20 Jahren so viele Informationen über so viele Menschen wie möglich, und sie speichern alle Daten, derer sie habhaft werden. Die Kontaktverfolgung reiht sich also in ein ohnehin schon prall gefülltes Dossier über Milliarden von Menschen ein.

Apple und Google boten die Kontaktüberwachung 2020/21 staatlichen Gesundheitsbehörden rund um den Globus an, um den Regierungen ein Mittel an die Hand zu geben, die Pandemie wirksam zu bekämpfen. Es oblag dann der jeweiligen Regierungsverantwortung, das System gemäß den geltenden gesetzlichen Vorschriften und politischen Entscheidungen zum Einsatz zu bringen. Selten zuvor haben Wirtschaft und Staat derart deutlich weltweit zusammengewirkt, um die Bevölkerung zu überwachen. Dabei sind die Hierarchien klar gesetzt: Die grundlegenden Regeln bestimmen vor allem Apple und Google, denn sie haben das System entwickelt und in den Geräten installiert (erste Stufe). Darauf aufbauend können die Staaten ihre Entscheidungen treffen (zweite Stufe). Die Bevölkerung kann diese Regeln akzeptieren (dritte Stufe) oder sich wehren, indem sie die Funktionen deaktiviert (sofern möglich) bzw. das Smartphone einfach zu Hause lässt (sofern erlaubt).

Doch man muss schon arg naiv sein, um zu glauben, dass diese lückenlose Kontaktüberwachung nach der Pandemie auf bloßer Freiwilligkeit basiert oder gar abgeschaltet wird. Denn natürlich sind Kontaktketten auch bei aller Art von Verbrechensbekämpfung von hoher Bedeutung für Strafverfolgungsbehörden. Es ist kaum glaubhaft, dass man es künftig den Verbrechern überlässt, ihre digitale Verfolgung wahlweise ein- oder auszuschalten.[35] Ganz im Gegenteil ist es wohl absehbar, dass kriminelle Banden die legal geschaffenen Infrastrukturen für ihre Zwecke missbrauchen werden. Denn kritische Infrastrukturen, gleichgültig welcher Art, stellen stets ein lohnenswertes Ziel für Hacker dar, egal, ob es sich dabei um Cyberterroristen oder Banden im Auftrag eines anderen Staates handelt.

Exemplarisch für eine Stadt, die überwiegend aus kritischen Infrastrukturen besteht – mit dem entsprechenden Angriffsflächen –, gilt die Vision einer Smart City. Für Cyberangreifer wäre eine Smart City, in der alles digitalisiert und alles vernetzt ist, geradezu ein Paradies.

Manchmal bedarf es allerdings keiner groß angelegten Infrastruktur und keiner fiesen Software, damit ein Smartphone zur Todesfalle wird. In der Vorweihnachtszeit 2021 erlitt ein 13-jähriges Mädchen in Frankreich in der Badewanne einen tödlichen Stromschlag, als ihr zum Laden eingestöpseltes Smartphones ins Wasser fiel. Die Mutter appellierte an andere Jugendliche und deren Eltern: „Das muss anderen Teenagern eine Warnung sein, denn sie haben alle ihre Handys quasi in die Hand implantiert. Wir müssen wirklich darauf bestehen: keine Telefone in Badewannen, weil das so dramatisch enden kann.“[36]

Apple: Garant für Sicherheit?

Apple nimmt für sich in Anspruch, besonders viel Wert auf Datenschutz und Datensicherheit zu legen. Deshalb sind alle Attacken auf das Ökosystem besonders bemerkenswert: Wenn ein derart auf Sicherheit bedachter Konzern angreifbar ist, um wieviel verwundbarer ist wohl die Konkurrenz der Android-Smartphones.

Und doch wurde im August 2018 der Fall eines 16-jährigen Teenagers in Australien bekannt, der sich offenbar über einen längeren Zeitraum hinweg Zugang zu zentralen Apple-Servern verschafft hatte. Er hatte dem Vernehmen nach im Laufe eines Jahres 90 Gigabyte an Daten heruntergeladen, darunter auch „secure files", also vermeintlich sichere Dateien und auf Benutzerkonten von Apple-Kunden zugegriffen. Der Fall war durch die australische Polizei an die Öffentlichkeit gelangt, Apple bestätigte ihn später. Der Fall ist auch deswegen so bemerkenswert, weil keine Geräte, keine Smartphones, angegriffen wurden, sondern die Infrastruktur, die die Geräte verbindet. Die Speicherung in der Cloud, bei Apple iCloud genannt, gilt indes vielen als Sicherheit, als Backup, wenn dem iPhone etwas zustößt. Doch augenscheinlich ist die iCloud ebenso sehr gefährdet wir das iPhone, wenn ein 17-Jähriger eindringen kann.

Immer neue Tricks

Ob Computer oder Smartphone – die Cyberkriminellen lassen sich seit Jahren immer neue Tricks einfallen. Beispiel Ransomware: Darunter versteht man so genannte Kryptoviren oder Verschlüsselungstrojaner, die eine Festplatte ungewollt verschlüsseln und dem Benutzer erst wieder Zugang gegen Zahlung eines Lösegeldes gewähren. Als eine Sicherheitsmaßnahme gegen diese Angriffsform ist zu raten, wichtige Daten über eine Festplatte hinaus in der Cloud zu speichern, um für den Fall der Fälle noch auf die Daten zugreifen zu können. In diesem Szenario ist die Cloud sicherer als die eigene Festplatte, obgleich beim Thema Datendiebstahl die Daten auf dem eigenen Rechner sicherer sind als in der Cloud. Mit anderen Worten: Auf der Festplatte wird man leichter erpresst, in der Cloud einfacher beraubt – keine guten Alternativen.

Seit Jahren schwappen immer neue Angriffswellen über die digitalen Kommunikationswege über uns herein, beispielsweise über WhatsApp (Meta-Konzern) und iMessage (Apple). Ein typisches Beispiel war ein WhatsApp-Wurm aus dem Jahr 2021. Dabei wurden Nutzer mit einer vermeintlichen Gewinnspiel-Nachricht auf eine gefälschte Seite gelockt, die dem Google Play Store nachempfunden war. Dort sollten sie eine Huawei-App installieren, ebenfalls eine Fälschung, die die Registrierung bei dem Gewinnspiel vortäuschte, bei dem man angeblich die Chance auf ein neues Smartphone des chinesischen Herstellers hatte. Besonders perfide: Die Fake-App las sämtliche Kontakte aus dem befallenden Smartphone aus und schickte ihnen eine Aufforderung, ebenfalls am Gewinnspiel teilzunehmen.[37]

Das Fachmagazin *Dr. Web* fand in Googles Playstore 190 Android-Apps, die mit einer Schadsoftware namens „Android Cynos 7 origin" daherkamen. Auf mehr als neun Millionen Android-Smartphones war die Software heruntergeladen und im Einsatz.[38]

Apples WhatsApp-Alternative iMessage wurde über Jahre hinweg immer wieder ebenso skrupellos angegriffen. Ein besonders schockierendes Beispiel wurde 2020 aufgedeckt. Die University of Toronto veröffentlichte einen Bericht mit dem Titel „The Great iPwn", in dem sie haarklein nachwies, wie Angreifer über eine Sicherheitslücke in iMessage die vollständige Kontrolle über ein iPhone übernehmen konnten. Es lagen nicht nur alle persönlichen Daten offen, sondern das Mikrofon und die Kamera im Gerät konnte zum Abhören des Opfers und Beobachten seiner Umgebung aus der Ferne eingeschaltet werden. Die Universität kam in ihrem Report zu dem Schluss, dass über diese Lücke auch tatsächlich „stille Attacken" – also von den Opfern unbemerkte Zugriffe – in erheblichem Umfang stattgefunden haben. Zielpersonen waren demnach vor allem Journalisten und Personen des öffentlichen Lebens. Das war kein Zufall: Die Täter kamen nämlich aus staatlichen Geheimdienstkreisen, befand die Universität. Sie hatten die von dem israelischen „Sicherheitsunternehmen" NSO Group angebotene Spionagesoftware „Pegasus" eingesetzt, um die Meinungen unliebsamer Presse- und Regierungsvertreter herauszufinden.[39] Erst 2021 rüstete Apple seinen iMessage-Service mit einer technischen „Blast Door“ aus, einer Panzertür. Der Begriff bezeichnet eigentlich einen Hochsicherheitsort, an dem sich Menschen vor Explosionen schützen können. Hierbei wird jede eingehende Nachricht auf ihre Gefährlichkeit hin überprüft und bei erkannter Gefahr isoliert und von der Gerätesoftware abgeschottet.[40]

Der AirPod Hack

Failure oder Feature – also Fehler oder Funktion? Ist es ein Hack oder eine nützliche Angelegenheit? Diese Fragen stellten sich beim sogenannten „AirPod Hack“. Airpods heißen die Kopfhörer von Apple. Um Hörgeschädigten zu helfen, besitzen alle Airpods seit 2018 eine gut gemeinte Funktion: Man kann sie so einstellen, dass das Smartphone als Mikrofon genutzt wird und alles, was gesprochen wird, direkt in den Kopfhörer übertragen wird. „Live mithören“ nennt Apple diesen Modus. So weit so gut. Doch die Übertragung zwischen Smartphone und Kopfhörer erfolgt drahtlos über eine Entfernung bis hin zu etwa zwölf Metern.

Jetzt das denkbare Angriffsszenario: Man legt das iPhone in einen Raum („vergisst es dort“), schaltet zuvor die Funktion „Live mithören“ ein, und belauscht alles, was in diesem Raum gesprochen wird, aus sicherer Entfernung im Kopfhörer. Das ist im Grunde kein Hack, sondern schlichtweg die ungewollte Ausnutzung einer vom Hersteller bereitgestellten Funktion – und kommt damit einem Hack schon sehr nahe, weil es letztendlich zu einem Angriffsszenario führt: Immerhin lassen sich mit dem Feature andere unbemerkt und aus sicherer Entfernung belauschen – und Personen ohne ihr Wissen auszuhorchen, ist illegal.

Wie leicht daraus ein Massenangriff werden könnte, wurde spätestens 2021 klar, als sich die Anleitung zu diesem „Hack" über das soziale Netzwerk TikTok großflächig verteilte. Ein Video mit genauen Instruktionen zum Missbrauch erhielt binnen weniger Wochen über eine halbe Million Likes als Zustimmung; wie viele es sich angesehen haben, ist unbekannt. Mehr als 50.000 haben es jedenfalls in ihrem Online-Freundeskreis verbreitet (geteilt). Besonders brisant: Das unbemerkte Mithören geht auch über die Apple Watch, die schließlich auch über ein Mikrofon verfügt. Statt des Smartphones „vergisst" man einfach seine Computeruhr in dem Raum, in dem man illegal mithören möchte.[41]

Man mag den „Airpod Hack" als „nebensächliche Spielerei" abtun, aber er steht exemplarisch dafür, wie Hacker vorgehen: Sie analysieren die bestehende IT-Infrastruktur und suchen nach Lücken für ihre Zwecke, die die Herstellerseite übersehen hat. Die Apple-Funktion für Hörgeschädigte stellt zwar ein vergleichsweise einfaches Beispiel dar, ist aber insofern spektakulär, als dieser „Hack" von jedermann praktisch ohne Vorkenntnisse ausgeführt werden kann. Wer es darauf anlegt, wird zum Alltagshacker, dem Phänomen „Massenhacking" wird mit solchen „Funktionen/Fehlern" Vorschub geleistet. Dennoch war der 2021 in Mode gekommene „Airpod Hack" vergleichsweise harmlos gegenüber den ernsteren und weitflächigeren Cyberangriffen schon Jahre zuvor.

Um zu begreifen, welche verheerenden Auswirkungen Cyberangriffe auf globale Digitalplattformen wie das Ökosystem von Apple haben können, genügt ein Blick auf eine konkurrierende Plattform, Microsoft Windows, die zu einem der größten Angriffsszenarien aller Zeiten führte.

WannaCry – Der Angriff auf Windows

Am 12. Mai 2017 nahm die bislang größte Warnung an die digitale Gesellschaft ihren Lauf.[42] An diesem schwarzen Freitag der Digitalwelt startete unter dem Namen WannaCry ein globaler Cyberangriff, bei dem über 230.000 Computer in 150 Ländern infiziert wurden. In allen Fällen verschlüsselten die Angreifer - ausgewählte Dateien auf dem Rechner und verlangten vom Benutzer, binnen einer festgelegten Frist einen bestimmten Betrag in der Kryptowährung Bitcoin zu zahlen; andernfalls drohte Datenverlust. Darüber hinaus versuchte WannaCry sofort, nachdem es sich selbst installiert hatte, so viele weitere Rechner wie möglich zu infizieren. Der Angriff wurde von der europäischen Strafverfolgungsbehörde Europol hinsichtlich seines Ausmaßes als noch nie da gewesenes Ereignis beschrieben.

So groß die weltweiten Auswirkungen waren, so klein war der Fehler, den die Angreifer gnadenlos ausnutzten und das war wiederum so bezeichnend für das staatliche Sicherheitsverständnis. Die Story hört sich ganz nach „James Bond in der Cyberwelt" an.

Die Basissoftware von Windows – das „Net Basic Input/Output System", NetBIOS – wies eine Sicherheitslücke auf, den die US-amerikanische National Security Agency NSA entdeckte.

Statt jedoch den Windows-Hersteller Microsoft sofort zu informieren, damit dieser die Lücke so rasch wie möglich beheben kann, um alle Windows-Nutzer vor Schaden zu bewahren, nutzte die NSA diese Lücke über mehr als fünf Jahre hinweg für ihre eigenen Spionageaktivitäten aus. Hierzu ließ die NSA – vermutlich von der ihr nahestehenden Equation Group – ein eigenes Angriffsprogramm mit dem Namen EternalBlue entwickeln. Wie und in welchem Umfang die NSA die Software für Spionagezwecke einsetzte, ist bis heute unbekannt. Bekannt ist jedenfalls, dass dem Auslandsgeheimdienst der USA irgendwann klar wurde, dass man ihn bestohlen hatte: EternalBlue war in die falschen Hände geraten.

Erst zu diesem Zeitpunkt informierte die NSA den Hersteller Microsoft über das Problem. Das Unternehmen stellte daraufhin am 14. März 2017 einen Sicherheits-Patch zur Fehlerbehebung öffentlich zur Verfügung, damals allerdings nur für die noch von Microsoft unterstützten Betriebssysteme Windows Vista, Windows 7, Windows 8.1 und Windows 10 sowie für Windows Server 2008 und jüngere Versionen.

Einen Monat nach den Updates durch Microsoft wurde EternalBlue von der Hacker-Gruppierung The Shadow Brokers öffentlich gemacht. Damit waren alle Windows-Rechner angreifbar, bei denen der Sicherheits-Patch noch nicht aufgespielt war, oder die mit einer älteren Windows-Version ausgestattet waren und bei denen die Sicherheitslücke daher gar nicht geschlossen werden konnte. Darunter fielen nicht nur Millionen von Privatpersonen und abertausende kleinerer und mittelständischer Firmen, sondern auch zahlreiche Großunternehmen.

So traf der Cyberangriff beispielsweise den spanischen Telekommunikationskonzern Telefónica, das US-amerikanische Logistikunternehmen FedEx, den französischen Automobilkonzern Renault, den japanischen Automobilhersteller Nissan in Großbritannien, den chinesischen Ölkonzern PetroChina, das russische Telekommunikationsunternehmen MegaFon und die Deutsche Bahn mit der Logistiktochtergesellschaft Schenker. Bei der Deutschen Bahn wurden rund 450 Rechner infiziert und führten unter anderem zum Ausfall von Anzeigetafeln an zahlreichen Bahnhöfen. In Russland waren mehr als 1.000 Computer im Innenministerium und das Katastrophenschutzministerium betroffen, in Rumänien das Außenministerium, in Großbritannien der National Health Service (NHS) mit mehreren Krankenhäusern. Es waren wohl schon in der ersten Angriffswelle Ziele in mindestens 99 Ländern betroffen.

In Deutschland stufte das Bundesinnenministerium den Fall als besonders schwerwiegend ein. Regierungsnetze sollen nicht betroffen gewesen sein. Der Präsident des Bundesamtes für Sicherheit in der Informationstechnik, Arne Schönbohm, ließ per Pressemitteilung erklären: „Die aktuellen Angriffe zeigen, wie verwundbar unsere digitalisierte Gesellschaft ist. Sie sind ein erneuter Weckruf für Unternehmen, IT-Sicherheit endlich ernst zu nehmen und nachhaltige Schutzmaßnahmen zu ergreifen. Die aktuelle Schwachstelle ist seit Monaten bekannt, entsprechende Sicherheitsupdates stehen zur Verfügung. Wir raten dringend dazu, diese einzuspielen."

Die unrühmliche staatliche Rolle thematisierte Deutschlands oberster IT-Sicherheitschef nicht, er schob die Schuld auf die Unternehmen, die nicht binnen weniger Wochen die Lücke geschlossen haben. Jene Lücke, die von den Geheimdiensten mehr als fünf Jahre lang verschwiegen wurden.

Erinnerte bereits die Geschichte und die Ausbreitung von WannaCry an James Bond in der Digitalwelt, so mutete die Bekämpfung beinahe ebenso abenteuerlich an. Schon am 12. Mai 2017, also nur knapp zwei Monate nach dem Ausbruch, entdeckten Sicherheitsforscher bei ihren Analysen durch Zufall eine Art „Notausschalter", der eine weitere Infektion eindämmte. Die Forscher fanden im Code der Schadsoftware einen Hinweis auf eine zu dem Zeitpunkt nicht registrierte Domain (ein „www-Name") und richteten eben diese Domain ein. Auf dem darunter betriebenen Server verzeichneten die Forscher sofort tausende Verbindungsversuche und stellten fest: Sobald die Schadsoftware den Server findet, stoppt sie die weitere Verbreitung. Ob die

Cyberkriminellen einen Fehler gemacht hatten oder sich selbst einen „Notschalter“ in das Programm einbauen wollten, ist bis heute unbekannt. Tatsache ist, dass es dadurch gelang, die Ausbreitung deutlich einzudämmen.

Es war kein Einzelfall, dass die Geheimdienste ihnen bekannt gewordene Sicherheitslücken für sich behielten und ausnutzten, statt den Hersteller zu benachrichtigen, damit dieser für Abhilfe sorgen kann. Microsofts Präsident und Rechtsvorstand Brad Smith verwies auf wiederholtes Bekanntwerden von Angriffsprogrammen auf solche Softwareschwächen aus den Beständen der CIA und der NSA. Er verglich dies mit dem Abhandenkommen von Marschflugkörpern aus militärischen Einrichtungen und warf „den Regierungen der Welt“ vor, nicht ausreichend vor Software-Schwachstellen zu warnen, welche ihre Geheimdienste entdecken. Der Microsoft-Präsident forderte: „Wir brauchen Regierungen, die sich des Schadens für Zivilpersonen bewusst sind, der aus dem Anhäufen und Ausnutzen solcher Software-Sicherheitsprobleme entsteht.“[43]

Ein Vertreter der US-Regierung schrieb die Verantwortung für „WannaCry“ im Dezember 2017 Nordkorea zu. Ende 2020 wurde dieser Verdacht erhärtet. Die Hackergruppe Lazarus, die 2009 erstmals aufgefallen war, als sie die südkoreanische Regierung zu erpressen versuchte, war Recherchen zufolge im Auftrag Nordkoreas für WannaCry verantwortlich.[44] Der Angriff wurde von einem der Sicherheitsberater des US-Präsidenten als „feige“,

„teuer“ und „rücksichtslos“ beschrieben. Das könnte sogar stimmen.

WannaCry hat für jeden sichtbar demonstriert, wie Spionage – in diesem Fall durch die NSA unter Ausnutzung einer Windows-Lücke – nach hinten losgehen kann, weil eben auch die Täter diese offenen Einfallstore für Cyber-Kriminalität nutzen. Man sollte WannaCry daher als einen Weckruf für gemeinsames Handeln von Staat und Wirtschaft verstehen.

Es wäre grob fahrlässig zu warten, bis die nächste vermutlich noch größere Angriffswelle auf uns zukommt. Eine Abhilfe wäre eine Selbstverpflichtung der Staaten, Sicherheitslücken nicht zu verheimlichen und umgekehrt die Pflicht der Unternehmen, auftretende Sicherheitsvorfälle zu melden. Angesichts der Tatsache, dass praktisch jeder Mensch nicht nur in den westlichen Industrienationen einen urpersönlichen Computer, nämlich ein Smartphone, besitzt, sollte der Schutz dieser „Computer in der Hosentasche“ bei staatlichen Sicherheitsüberlegungen höchste Priorität genießen.

Noch Jahre nach dem ersten Ausbruch von WannaCry war die Gefahr im Übrigen längst nicht gebannt. EternalBlue wurde weiterhin genutzt, um Rechner zu attackieren. Angreifern ist es offenbar gelungen, das aggressive Angriffsprogramm so weiterzuentwickeln, dass unter bestimmten Umständen auch Windows 8 und Windows 10 angegriffen werden konnten. So wurde die neue Variante genutzt, um Kryptomining auf fremden Rechnern durchzuführen oder für Angriffe auf Unternehmensnetzwerke beispielsweise beim Flugzeughersteller Boeing.

Im August 2018 fiel der taiwanische Prozessorproduzent Taiwan Semiconductor Manufacturing Company (TSMC) WannaCry zum Opfer. Zeitweise musste die Fertigung eingestellt werden. Das Unternehmen ging dadurch von Umsatzeinbußen in Höhe von 150 Millionen Euro aus. In den Produktionsstätten von TSMC wurden auch Chips für Apples iPhone gefertigt und die Auslieferung der damals aktuellen iPhone-Produktion wurde durch den Angriff zeitlich verzögert.[45] Doch es geht nicht nur um Attacken von außen, sondern auch um Angriffe auf die Privatsphäre durch die Anbieter wie beispielsweise Apple selbst.

Apple öffnet die Büchse der Pandora

Die Überwachung in der Cloud durch US-Anbieter ist längst Normalität: Alle Daten, die in der Cloud eines US-Unternehmens abgelegt werden, können zumindest potenziell von den dortigen Behörden eingesehen werden. Das ist kein Versagen der Anbieter, sondern eine Auswirkung der geltenden Gesetzgebung in den USA.

Aber Apple versuchte 2021 eine rote Linie zu überschreiten mit der Überwachung in den Endgeräten. Es ist ein fundamentaler Unterschied, ob Daten in der von Apple betriebenen Cloud oder in den von Kunden gekauften Geräten durchleuchtet werden. Dadurch wurde klar: Man kauft sein Smartphone, man besitzt es, man legt beinahe sein ganzes Leben darin ab – aber kontrolliert wird das Gerät vom Anbieter, der den Inhalt und die Kontrolle darüber fallweise den Behörden überreicht. Apple würde die Büchse der Pandora öffnen, denn damit wäre die Privatheit des eigenen Smartphones unwiederbringlich dahin.

Was war passiert? Die iCompany hatte 2021 angekündigt, künftig die Fotos auf iPhones automatisch dahingehend zu untersuchen, ob sie mit dem Gesetz im Einklang stehen. Apple hatte verlauten lassen, mit dem neuen Betriebssystem iOS 15 alle Fotos auf iPhones einer Prüfung zu unterziehen, ob es sich um kinderpornographische Aufnahmen handeln könnte. Diese von Apple „Child Safety", von Experten als „Client-Side Scanning" (CSS) und von der Presse „Nacktfotoscanner" genannte Maßnahme wäre wie eine permanente Hausdurchsuchung durch eine Firma.[46] Durch die Maßnahme würden Hunderte von Millionen iPhone-Besitzer unter den Generalverdacht der Kinderpornographie gestellt. Man muss bedenken: Die meisten Menschen haben mehr oder minder ihr gesamtes Leben im Smartphone gespeichert. Es ist Aufgabe der Staatsanwaltschaften, der Polizei und der Gerichte, im Verdachtsfalls, und nur dann, diese digitalen Hausdurchsuchungen zu genehmigen, durchzuführen und nach dem geltenden Recht zu bewerten. Aber eine Rasterfahndung durch Apple auf allen Endgeräten ist beinahe wie die Kombination eines mutmaßlichen Wunschtraums von Erich Mielke und eines Albtraums von Georg Orwell.

Kinderpornographie gehört zu dem abscheulichsten Verbrechen überhaupt und es ist richtig und wichtig, dagegen vorzugehen, aber es ist dennoch völlig unangebracht, alle iPhone-Besitzer unter Generalverdacht zu stellen und deshalb deren private Fotoalben zu durchsuchen.

Eine angesichts des Apple-Vorstoßes zusammengetretene Gruppe von Sicherheitsexperten formulierte im Herbst 2021 eine ausführliche und äußerst lesenswerte Stellungnahme mit dem Titel „Bugs in our Pockets: The Risks of Client-Side Scanning".[47] Die Abhandlung sieht darin massive Sicherheits- und Datenschutzrisiken für die gesamte Gesellschaft, während die damit verbundene Unterstützung für die Strafverfolgungsbehörden minimal und bestenfalls problematisch sei. Es sind zahlreiche Szenarien vorstellbar, in denen eine permanente Überwachung auf dem Smartphone missbraucht werden kann. Wörtlich hieß es in dem Papier: *„In einer Welt, in der unsere persönlichen Daten in Bits auf leistungsstarken Kommunikations- und Speichergeräten in unseren Taschen gespeichert sind, müssen sowohl die Technologie als auch die Gesetze so gestaltet sein, dass sie unsere Privatsphäre und Sicherheit schützen und nicht in sie eingreifen."*[48]

Wahrscheinlich hatte Apple den Algorithmus zum Auffinden von Kinderpornograhie auf Druck der US-Behörden entwickelt. Indes: Wer will Apple oder andere US-Konzerne daran hindern, künftig auf Drängen weiterer Staaten wie beispielsweise China mit anderen Suchmustern nach unerwünschten Inhalten zu fahnden? In den USA mag nach Kinderpornographie gesucht werden, in anderen Ländern möglicherweise nach Regime-kritischen Texten. Wenn es nicht gelingt, Apple zurückzupfeifen, können wir nie mehr sicher sein, welche Spionagesoftware auf unseren Smartphones heimlich läuft und wonach sie Ausschau hält.

Doch im Dezember 2021 führte Apple einen „Nackfotofilter" ein, allerdings nur in Verbindung mit dem hauseigenen Nachrichtendienst iMessage und nur in den USA. Eltern haben dort die Wahl, den Nacktfilter im Rahmen der Familienfreigabe auf den Geräten ihrer minderjährigen Kinder zu aktivieren. Das Betriebssystem analysiert daraufhin die Bilder iMessage-App auf dem Gerät und stellte diese – bei vermuteten Nacktinhalten – verschwommen und mit einem Warnhinweis versehen dar. Das greift sowohl bei empfangenen Bildinhalten als auch beim Verschicken eigener Nacktbilder. Kinder können sich entscheiden, die Bilder trotzdem anzusehen oder zu verschicken. Eine ursprünglich geplante automatische Benachrichtigung der Eltern hatte Apple nach Protest gestrichen.[49] Diese abgemagerte Version der Kinderüberwachung durch ihre Eltern mag angehen, weil sie das elterliche Sorgerecht unterstützt.

Doch der Grundsatz muss lauten: Die Daten von Kunden gehören den Kunden und sonst niemandem. Dazu sollten die Daten derart gut geschützt sein, dass niemand außer den Besitzern der Daten selbst diese entschlüsseln können, weder der Betreiber des Dienstes noch irgendeine Behörde auf der Welt.

Eine Technologie zur Rasterfahndung auf Endgeräten ist grundsätzlich abzulehnen, weil sie Missbrauch und Überwachung geradezu sträflich Vorschub leistet. Wer will Apple daran hindern, in Zukunft weitere moralische Kriterien an die mit dem iPhone erstellten Fotos zu stellen?

Heute ist es Kinderpornographie und wir alle stimmen der Bekämpfung zu. Morgen sind es möglicherweise Verstöße gegen Coronaregeln oder Drogenmissbrauch und es stimmen noch einige zu. Übermorgen ist es Tierquälerei oder wer weiß schon was. Alle gesetzestreuen Bürger begrüßen es, wenn diese Verbrechen geahndet werden. Aber wir wollen dieses Mandat den Staatsanwaltschaften, der Polizei und den Gerichten übertragen, nicht der US-Firma Apple.

Hinzu kommt, dass neben der willkürlich erweiterbaren Zensur durch Apple ein solches Kontrollprogramm von Hackern geentert und dazu genutzt werden könnte, in die iPhones von Hunderten Millionen Menschen einzudringen. Die Möglichkeit, in die Endgeräte einzudringen, wird Hacker rund um den Globus wie ein Magnet anziehen. Das gilt analog auch für alle Versuche staatlicher Stellen, Einblicke in die Smartphones „ihrer" Bürger zu gewinnen.

EU und Apple: Alle wollen an unsere Privatsphäre

Im Herbst 2020 wurde ein geheimer Entwurf einer geplanten Deklaration des EU-Ministerrats bekannt, nach der die

Betreiber von Ende-zu-Ende-verschlüsselten Diensten gezwungen werden sollten, den Behörden Generalschlüssel zu allen Kundendaten zu übergeben. Der damalige Titel des EU-Resolutionsentwurfs „Sicherheit durch Verschlüsselung und Sicherheit trotz Verschlüsselung“ war völlig irreführend. Dazu muss man sich klarmachen, dass „Ende-zu-Ende-Verschlüsselung“ bedeutet, dass nur der Absender und der intendierte Empfänger einer Nachricht Einblick in die Daten bekommen – niemand sonst, nicht der Betreiber des Dienstes und erst recht keine Behörden. Die Daten sind wie in einem Kasten eingeschlossen und nur der Absender und der Empfänger haben den Schlüssel dazu. Der Betreiber kann zwar den Kasten vom Absender in Empfang nehmen, bei sich speichern und auf Anforderung dem bestimmten Empfänger aushändigen, aber er kann den Kasten nicht öffnen. Experten sprechen von einer sogenannten „Zero-Knowledge-Architektur“; das bedeutet, dass die IT-Infrastruktur so aufgebaut ist, dass der Betreiber technisch gar nicht in der Lage ist, Kundendaten zu entschlüsseln und damit zu lesen. Doch genau dies ist Unternehmen und Staaten wohl ein Dorn im Auge, wie die EU-Resolution 2021 exemplarisch verdeutlichte.

Faktisch hätte eine solche Resolution das Sicherheitsniveau in der EU dramatisch verschlechtert. Die EU-Mitgliedsstaaten wären nach der Resolution in der Lage gewesen, sich mit ihren Schlüsseln jederzeit und unerkannt in private Unterhaltungen und andere verschlüsselte Übertragung einzuklinken. Genau dieses Privileg wollte Apple 2021 staatlichen Stellen nicht einräumen.

So führte der iKonzern 2021 eine Art „Internet-Tarnkappe“ ein, „Private Relay“ genannt. Damit war es möglich, mit einem iPhone oder iPad Webseiten aufzurufen, ohne dass der Internet Provider erfährt, um welche Seiten es sich dabei handelte. Dazu wurden die Daten zuerst über einen Konzern-eigenen Server geschickt und dann an einen Drittanbieter weitergeleitet. Letzterer wickelte den Datenaustausch mit der angesurften Website ab. Daher könne „niemand – nicht einmal Apple – erkennen, wer du bist und welche Seiten du besuchst.“ (Apple). Autoritäre Staaten wie China oder Saudi-Arabien waren darüber verärgert, so dass Apple den Anonymisierungsdienst dort zurückzog. Bemerkenswert war jedoch, dass auch die Europäische Union als ein freiheitlich-demokratisches Staatengebilde schwere Bedenken gegen Private Relay anmeldete. „Dieses neue Feature wird wahrscheinlich die Aufdeckung und Untersuchung illegaler Aktivitäten im Internet erschweren“, war in einem internen Briefing der EU-Kommission zu lesen. Denn Private Relay verhindere womöglich die Identifikation von Nutzern, die Websites mit Kindesmissbrauchsinhalten und Terroraufrufen ansurfen. Auch könnten damit die Netzsperren einiger EU-Staaten umgangen werden.[50] Kinderschändern und Terroristen auf die Spur zu kommen scheint augenscheinlich stets argumentativ herhalten zu müssen, wenn es darum geht, dass sich Staaten oder Unternehmen den Zugriff auf die Smartphones ihrer Bürger bzw. Kunden sichern wollen.[51]

So plante die EU Ende 2021 erneut an einem großen Überwachungsangriff auf unsere Smartphones. Die zuständige EU-

Innenkommissarin Ylva Johansson erarbeitete einen Gesetzesentwurf, mit dem die Anbieter von Chatdiensten wie WhatsApp oder iMessage zur automatischen Kontrolle der Chats verpflichtet werden sollten. Dann könnten die Behörden Chatverläufe und gepostete Fotos auf sämtlichen Smartphones in der Europäischen Union durchsuchen. „Client Side Scanning", kurz CSS, nennt sich diese Überwachungstechnologie, mit der neben den Chats auch gleich alle Fotos auf den Smartphones von behördlicher Seite unter die Lupe genommen werden könnten. Mittels Künstlicher Intelligenz ließen sich illegale Bilder ausmachen und automatisch den Strafverfolgungsbehörden übermitteln. Der Bund Deutscher Kriminalbeamter war eindeutig in seiner Ablehnung: „Ein automatisierter Scan nach inkriminierten Inhalten durch private Unternehmen und eine von Sicherheitsbehörden nur sehr schwer zu kontrollierende Meldeverpflichtung birgt die Gefahr, dass einerseits Unverdächtige in den Fokus von Ermittlungen geraten und andererseits nicht nachvollziehbare Selektionen der Meldungen auch durch die Unternehmen vorgenommen werden.“ [52] Mit anderen Worten: Diese totale Überwachung durch einen Kriminalscanner auf jedem Smartphone würde kaum Täter zu Fall bringen, aber dem Staat eine Transparenz über „seine“ Bürger geben, von der nur Menschen mit übermäßigen Allmachtsphantasien träumen können. Ausgerechnet das Smartphone, das wie eine Essenz unseres Lebens praktisch alles über uns weiß, soll von EU-Behörden automatisch gescannt werden, um zu prüfen, ob wir uns regelkonform verhalten. Raffinierter könnte man George Orwells Horrorszenario „1984“ wohl kaum an den neuesten Stand der Technik anpassen. Es ist schlimm genug, dass diese Technologie von autoritären Staaten verwendet wird, um Dissidenten zu kontrollieren oder religiöse Minderheiten zu verfolgen, aber eine Implementierung in der EU käme einer moralischen Bankrotterklärung Europas gleich.

Egal ob EU oder Apple, offenbar dürstet es den Staat und die Digitalkonzerne gleichermaßen, Zugang zu den privaten Daten der Bürger und Verbraucher zu bekommen. Das Smartphone bietet sich dabei als Angriffsziel besser als jedes andere Gerät an. Doch wir sollten alle Hebel in Bewegung setzen, unsere Privatsphäre auch im Zeitalter der Digitalisierung zu bewahren. Letztendlich kämpft jeder Smartphone-Besitzer an drei Fronten um seine Privatheit: gegen die Hersteller, gegen die Staatsgewalt und natürlich auch gegen Hacker. Dabei geht es nicht nur um das Gerät in unseren Händen, sondern in vielen Fällen ebenso sehr um die Cloud, mit dem unser Smartphone verbunden ist, wie im nächsten Kapitel dargestellt.

Das (i)Cloud-Paradies für Kriminelle

Es ist nicht nur Apples iCloud, sondern letztlich kann jede Cloud angegriffen werden. Daraus ergeben sich mehrere fatale Konsequenzen: Keine Cloud ist sicher, bei jeder einmal angegriffenen Cloud ist unklar, ob die Eindringliche nicht Schadsoftware zurückgelassen haben, welche die Cloud dauerhaft unsicher macht, und jedes an eine Cloud angeschlossene Gerät, also auch jedes Smartphone, ist deshalb per se einer Unsicherheit ausgesetzt. Ein Generalangriff auf die Microsoft-Cloud Azure aus den Jahren 2019/2020 steht beispielhaft für diese Gefahr, von der bis heute völlig unklar ist, ob und in welchem Umfang sie gebannt ist. Denn Hand aufs Herz: Wer benutzt keine Software von Microsoft. Selbst auf vielen iPads laufen die Office-Programme von Microsoft, um mit Word Texte zu schreiben, mit Powerpoint Präsentationen zu zeigen oder mit Excel Kalkulationen durchzuführen. Wer also meint, in der „Apple-Welt“ vor Microsoft-Schädlingen gefeit zu sein, irrt sich im Allgemeinen.

Exemplarisch für die Cloud-Gefahren steht die SolarWinds-Angriffswelle 2020. Sie hat wohl ein Tor in viele Clouds geöffnet, durch das sich über Jahre hinweg immer neue Viren, Würmer und sonstige Computerschädlinge an alle Daten heranmachen könnten, die Firmen und Verbraucher in Clouds rund um den Globus abgelegt haben. Ein Gutteil davon dürfte auf Daten entfallen, die mit Smartphones verbunden sind. Was war passiert?

Angriffe auf Solarwinds und Supernova

Mitten im Krisenjahr der Coronavirus-Pandemie wurde öffentlich, dass Cyberkriminelle mindestens ein halbes Jahr lang mehr oder minder freien Zugang zu zahlreichen US-amerikanischen Behördencomputern erlangt hatten. Es galt 2020 als der größte Cyberangriff auf die USA seit 2014.[53] Zwischen dem Frühjahr und Herbst 2020, also über Monate hinweg, hatten Hacker zentrale Behörden der Vereinigten Staaten von Amerika angegriffen und ausspioniert, darunter die Ministerien für Heimatschutz, Handel und Finanzen sowie das US-Verteidigungsministerium und die Atomwaffenbehörde National Nuclear Security Administration (NNSA).[54] Man kann ohne Weiteres von einem GAU – dem „größten anzunehmenden Unfall" – sprechen, sieht man davon ab, dass die Eindringlinge keinen Atomkrieg ausgelöst haben.

Die kriminelle Cyberangriffstruppe hatte die Schadsoftware „Sunburst" auf Systeme von bis zu 18.000 Anwenderfirmen der Netzwerkmanagementplattform SolarWinds Orion installiert.[55] 400 der 500 größten Unternehmen der USA waren zu diesem Zeitpunkt Kunden von SolarWinds; aber auch in Deutschland war die Netzwerkmanagementsoftware bei mehreren Dax-Unternehmen im Einsatz, darunter beispielsweise Siemens und die Deutsche Telekom. Auch im NATO-Hauptquartier in Belgien arbeitete man mit SolarWinds-Software, konnte jedoch keine Attacke feststellen oder wollte sie nicht eingestehen.

Die weite Verbreitung binnen weniger Monate war möglich geworden, weil die Angreifer äußerst clever vorgegangen waren. Sie hatten ihr Manipulationsprogramm bei der Herstellerfirma SolarWinds unbemerkt eingeschleust, so dass das Unternehmen mit jeder neuen Installation seiner Netzwerksoftware das Schadprogramm ungewollt mit verteilte.

Mit anderen Worten: Die Cyberkriminellen mussten nur ein einziges Unternehmen, SolarWinds, knacken, um in zahlreiche andere Firmen einzudringen. Weder der Hersteller noch einer seiner Kunden entdeckte übrigens die fatale Sicherheitslücke, sondern es war eine darauf spezialisierte IT-Sicherheitsfirma, FireEye, die selbst betroffen war und daraufhin den „Super-Hack“ öffentlich machte. Die Computerhacker hatten FireEye nämlich öffentlich blamiert, indem sie die sogenannten Red-Team-Tools der Firma entwendet und missbraucht hatten. Als „Red Team“ (rotes Team) werden in der IT-Sicherheitsbranche die Angreifer bezeichnet, die vom „Blue Team“, dem blauen Team, abgewehrt werden.[56] Es ist üblich, dass Sicherheitsunternehmen über eigene Angriffsteams verfügen, die im Auftrag von Kunden durch simulierte Attacken die Sicherheitslücken in den IT-Systemen eben dieser Kunden aufspüren. Versteht sich, dass diese Teams nicht nur über hochspezialisierte Köpfe verfügen, sondern auch über Spezialwaffen, die Red-Team-Tools. Die Hacker hatten also sozusagen den Munitionsschrank von FireEye geknackt, die Waffen entwendet und diese dann für ihren eigenen Angriff missbraucht. Dreister geht es kaum.

Wohlgemerkt: Die Sicherheitsfirma FireEye hat 2020 den Angriff erkannt, sonst niemand. Das heißt beispielsweise: Weder das Pentagon noch die NATO haben bemerkt, dass sich ein Eindringlich bei ihnen eingenistet hatte. Beruhigend ist das nicht, insbesondere auch im Hinblick auf die in diesem Buch mehrfach in Frage gestellte Sorgfalt, mit der die Behörden auf die Daten ihrer Bürger aufpassen. Wer seine eigenen IT-Systeme derart lasch beschützt, hat im Grunde die Berechtigung verloren, seinen Bürgern etwa computerlesbare Porträtfotos abzuverlangen, wenn sie einen Personalausweis beantragen. Die gesetzliche Berechtigung kann er sich natürlich einräumen, aber die moralische Berechtigung ist eher zweifelhaft.

Der Einbruch und die Platzierung der Malware bei SolarWinds erfolgte im März 2020, aufgeflogen war die Sache erst ein halbes Jahr später. Völlig unklar blieb, wie weit die Angreifer über ihre Sicherheitslücke bei den betroffenen Unternehmen möglicherweise weitere Spionage- oder sonstige Schadsoftware eingeschleust haben. Diese würde selbst dann noch funktionieren, wenn die ursprüngliche Lücke geschlossen wird. Denn wer einmal in einem fremden Computersystem drin ist, kann dort nicht nur unmittelbaren Schaden anrichten und Daten abziehen, sondern eben auch – möglicherweise an mehreren Stellen –weitere Spionage- und sonstige Manipulationssoftware anbringen in der Hoffnung, dass diese über Monate oder gar Jahre hinweg unentdeckt bleibt. Es dürfte bis zum Jahr 2030 oder sogar darüber hinaus reichen, bis das ganze Ausmaß des Angriffs von 2020 bei allen betroffenen Firmen zutage tritt.[57]

Im Herbst 2020 wurde deutlich, dass sich eine zweite, von der ersten unabhängige Hackergruppe, genannt „Supernova" im US-Behördennetz eingenistet hatte.[58] Mit anderen Worten: Die US-Regierung war 2020 auf breiter Front von gleich zwei cyberkriminellen Gruppierungen gleichzeitig angegriffen worden – und der Angriff war so raffiniert durchgeführt worden, dass er über Monate hinweg nicht einmal auffiel.

Die Zahl der gehackten Firmen und Ministerien wurde auf rund 300.000 (!) Opfer geschätzt. Der Hack war ein nationaler Schock für die USA, die sich bis dahin selbst für die Cybernation Nummer eins hielten.

Das Weihnachtsfest 2020 war für viele IT-Sicherheitsexperten in den USA ein Albtraum – aber nicht wegen der damals grassierenden Coronavirus-Pandemie, sondern weil sie auf ihren Firmencomputern auf der verzweifelten Suche nach Schadprogrammen waren.[59] In Millionen von Programmzeilen herauszufinden, was von außen manipuliert wurde, war tatsächlich wie die sprichwörtliche Suche nach der Nadel im Heuhaufen – mit einem gewaltigen Unterschied: Im Heuhaufen ist in der Metapher per Definition nur eine einzige Nadel versteckt, in der Software wusste man nicht einmal, wie viele Schädlinge man überhaupt suchte. Egal, wie viele „Nadeln" man fand, blieb stets die Frage offen, ob es nicht noch eine weitere „Nadel" – sprich Sicherheitslücke – gab.

Microsoft Azure im Fokus

Die US-amerikanische Cybersecurity and Infrastructure Security Agency (CISA) sah 2021 konkrete Hinweise darauf, dass die SolarWinds-Programmierer Schwachstellen der Cloudarchitektur Azure von Microsoft ausgenutzt haben.[60] Azure hat Kunden in rund 140 Ländern. Augenscheinlich waren dabei auch Kundenkonten des Microsoft-Bürodienstes Office 365 geknackt worden, der von Millionen von Anwendern überall auf der Welt verwendet wird.[61]

In der Coronakrise 2020/21 meldete Microsoft einen Nutzungsanstieg bei seinen Cloudservices um bis zu 775 Prozent. Allein der Videokommunikationsdienst Teams verzeichnete 44 Millionen Nutzer täglich; das entsprach über 900 Millionen Kommunikationsminuten in der Woche.[62] Die Verlagerung von immer mehr Daten in die Cloud, nicht nur bei Microsoft, sondern beispielsweise auch bei Apple und Google, erschafft geradezu ein Paradies für Cyberkriminelle. So viele persönliche und betriebliche Informationen derart gebündelt – das gab es noch nie. Es ist absehbar, dass sich die Cloud in den 2020er Jahre als eines der begehrtesten Angriffsziele für Cyberattacken erweisen wird. Das sollte man bedenken, wenn man die Smartphone-Sicherheit erhöhen will, indem man das Gerät mit einem Backup in der Cloud versieht. Es ist natürlich richtig, dass man beim Verlust oder Diebstahl des Smartphones ein neues Gerät leicht wieder konfigurieren kann, wenn man über eine Sicherheitskopie in der Cloud verfügt bzw. seine Smartphone-Daten generell in einer

Cloud ablegt. Es ist indes ebenso richtig, dass genau diese Cloud-Anbindung auch eine zusätzliche Gefährdung für das Smartphone darstellt. Doch es geht nicht nur um die Cloud: Auch Updates bergen Gefahren in sich.

Standardsoftware als Einfallstor für Verbrecher

Die SolarWinds-Attacke hat nicht nur das Tor zur Cloud aufgestoßen, sondern auch zu den sogenannten Softwarelieferketten. Denn die Täter hatten ihr Schadprogramm unbemerkt in eine Standardanwendungssoftware eingeschleust. Beim nächsten Update wurde der Schädling zusammen mit der regulären Software an alle Kunden verteilt. So mussten sich die Täter gar nicht selbst die Mühe machen, Tausende von Firmen einzeln zu knacken; der Erfolg bei einem einzigen Unternehmen – dem Softwarehersteller – war völlig ausreichend, um sich auszubreiten. Dieses Angriffsszenario lässt sich leicht auf andere bekannte Hersteller von Standardsoftware ausweiten, etwa Microsoft, Oracle oder SAP, um nur drei Beispiele zu nennen.

Wie groß das Gefahrenpotenzial ist, lässt sich ebenfalls beispielhaft anhand einer Zahl umreißen: Weit über 90 Prozent (!) aller deutschen Behörden arbeiteten 2021 mit der Bürosoftware von Microsoft. Das warf nicht nur die Frage auf, ob es zu einem Datenfluss an US-Geheimdienste kommen kann – schließlich unterliegt Microsoft als US-Unternehmen der dortigen Gesetzgebung und muss gegebenenfalls Kundendaten herausgeben. Mindestens genauso schwer wog die Frage, was passiert, wenn

Microsoft gehackt wird und mit dem nächsten Update selbst unbeabsichtigt Schadsoftware an seine rund 1,2 Milliarden Office-Nutzer verteilt?[63] Oder etwa an alle Windows-Nutzer? Der Marktanteil von Microsoft Windows unter allen PC-Betriebssystemen lag 2020 bei über 80 Prozent weltweit.[64]

Das Problem ist beinahe unlösbar: Die Unternehmen und Behörden haben Mühe genug, ihre eigene IT-Sicherheit ständig zu überprüfen und auf den aktuellen Stand zu bringen. Doch die fortlaufende Kontrolle der Lieferkette, also der Standardsoftware, die sie einsetzen, ist praktisch unmöglich.

Schwachstellen in der Softwarelieferkette sind nicht neu. Bereits im Jahr 2000 wurden weltweit mehr als 150.000 Angriffspunkte in Standardanwendungen entdeckt. Das Wachstum an diesem grundlegenden Schwachpunkt ist immens. 2020 wurden mehr als 30 Millionen Fälle bekannt, die solche Sicherheitslücken ausgenutzt haben.[65] Dieses schier unglaubliche Volumen wird sich in Zukunft immer weniger beherrschen lassen. Jede Behörde, jedes Unternehmen und jede Privatperson setzt immer mehr Software ein. Das Paradies für Hacker wird in den nächsten Jahren so groß und verführerisch werden wie nie zuvor.

Megaleak 2021

Anfang 2021 wurden die Nutzernamen und Passwörter von rund 3,17 Milliarden Online-Accounts von einer Unmenge von Internetseiten frei im World Wide Web angeboten. Der Megaleak basierte offenbar nicht auf einem einzelnen Angriff, sondern stützte sich auf eine Vielzahl aus früheren Lecks bekannter Accounts. Es war eine Art Sammlung der in den Jahren zuvor geknackten Logins. Die Sicherheitsbranche prägte dafür den Terminus COMB als Abkürzung für „Combination of Many Breaches", also „Sammlung vieler Datenlecks".[66]

Das neue und wenn man so will „innovative" Element des Megaleaks 2021 bestand darin, dass Milliarden von Login-Daten frei im Internet für jedermann zugänglich verfügbar waren. Zuvor waren solche wertvollen Datensätze vornehmlich in darauf spezialisierten Schwarzmarktplätzen im Darknet gehandelt worden.[67]

Besonders fatal: Viele Menschen nutzen ein- und dieselbe Kombination aus Nutzernamen und Passwort für unterschiedliche Dienste, beispielsweise die Videothek Netflix, das soziale Netzwerk Facebook und den Aktienbroker eToro. Wer also den Zugang zu einem dieser Dienste kennt, kann damit auch auf alle anderen zugreifen. Besser ist es, jeweils andere Nutzernamen und Passworte zu verwenden; das ist zwar umständlicher aber eben auch sicherer.

Kriterien für Cloud-Sicherheit

Die Cloudsicherheit wird häufig sträflich vernachlässigt. Cloud Computing ist ideal, um im Zeitalter von Homeoffice Mitarbeitende und Projektgruppen schnell, unkompliziert und kostengünstig zu verbinden. Aber die Firmen sind gut beraten, dabei der Cloudsicherheit höchste Priorität einzuräumen.

Es gelten sechs konkrete Kriterien, die ein Cloudanbieter erfüllen sollte:

- Ende-zu-Ende-Verschlüsselung ist in der Cloud Pflicht. Das bedeutet, die Daten müssen auf allen Clients, also auch allen Smartphones, beim Transport und in der Cloud verschlüsselt sein. Eine bloße SSL- oder TSL-Verschlüsselung für den Datentransport genügt nicht.

- Es muss das Zero-Knowledge-Prinzip gelten, das heißt, der Anbieter behält selbst keine Schlüssel zu den Kundendaten. Selbst wenn der Cloudbetreiber von Hackern heimgesucht werden sollte, finden diese weder Schlüssel noch Kundendaten in lesbarer Form.

- Die Zugriffsberechtigungen erfolgen ausnahmslos über eine Zwei-Faktor-Authentifizierung – und zwar verbindlich. Eine „freiwillige“ Zwei-Faktor-Sicherheit ist wie eine Tür mit einem Schlüssel im Schloss, an der „bitte nicht eintreten“ steht. Das ist möglicherweise gut gemeint, aber nicht gut gemacht.

- Die Daten werden in einem Rechenzentrum gespeichert, das sich physisch in der Bundesrepublik Deutschland befindet und von einem deutschen RZ-Dienstleister betrieben wird.

- Der Cloudanbieter ist mehrheitlich in deutscher Hand. Das ist erstens wichtig, damit US-Behörden keinen Zugang erhalten, und zweitens, um dem Datenschutz zu genügen. Eine deutsche GmbH mit US-Muttergesellschaft genügt nicht, um diesem Kriterium gerecht zu werden, egal, mit welchen juristischen Spitzfindigkeiten dieser Eindruck erweckt werden soll.

- Das Sicherheitsniveau sollte derart hoch sein, dass es den Anforderungen für Berufsgeheimnisträger wie Ärzten oder Anwälten nach § 203 Strafgesetzbuch genügt. Im besten Fall liegt die Bestätigung oder gar Empfehlung durch einen anerkannten Berufsverband wie etwa den Deutschen Anwaltverein (DAV) vor.

Sicherheitsbewusste Cloudanbieter setzen konsequent auf Privacy by Design. Das bedeutet, dass Sicherheitslücken konzeptionell ausgeschlossen sind. So ist beispielsweise niemand davor gefeit, von Hackern angegriffen zu werden. Daher muss ein Konzept her, bei dem selbst im unwahrscheinlichen Fall eines Datenklaus die Diebe die gespeicherten Informationen nicht lesen können. Auch von der Volatilität der Datenschutz-Regelungen zwischen den USA und den EU-Ländern sollte man sich unabhängig machen, indem gespeicherte Daten konsequent ausschließlich der deutschen Gesetzgebung unterliegen. Alle diese Kriterien waren schon immer wichtig, aber angesichts der Homeoffice-Welle seit 2020/21 wurden sie wichtiger als je zuvor.

Es ist anzumerken, dass Apples iCloud gleich mehrere dieser Kriterien nicht erfüllt. Apple ist zweifelsohne ein US-Anbieter und man kann nicht sicher sein, in welchem Land die eigenen Daten tatsächlich gespeichert werden.

Im übrigen geht es nicht nur um die Daten, die man bewusst vom eigenen Smartphone in die Cloud überträgt, sondern auch um die geheimen Datenabflüsse. Smartphones sammeln nämlich selbst dann Daten, wenn sie nicht aktiv genutzt werden. So werden im Durchschnitt von einem Smartphone im Ruhezustand alle 4,5 Minuten Daten übermittelt, ohne dass der Nutzer etwas davon mitbekommt oder dies beeinflussen kann. Übermittelt werden beispielsweise Sensordaten, Telefonnummer, Gerätenummer, Standort und lokale Netzwerkinformationen.

Dabei gibt es erhebliche Unterschiede zwischen Googles Android und Apples iOS. So fallen beim Start eines Android-Geräts etwa 1 Megabyte an, bei einem iPhone sind es nur 42 Kilobyte. Innerhalb von zwölf Stunden im Leerlauf sendet Android nochmals 1 Megabyte aus, iOS hingegen lediglich 52 Kilobyte. Mit anderen Worten: Ein Android-Smartphone übermittelt im Geheimen ungefähr die 20-fache Menge an Daten im Vergleich zu einem iPhone.[68] Doch losgelöst vom einzelnen Gerät wird die Datenmenge immer größer – und damit die Gefahrenlage, wie im nachfolgenden Kapitel darstellt.

Wie sicher sind unsere Daten?

Ohne digitale Daten keine Hacker, oder jedenfalls kein Diebstahl, keine Manipulationen und kein Missbrauch von Daten. Doch statt sich auf diesen Grundsatz zu besinnen, wird die Datenflut immer größer – und die Sicherheit dieser Daten immer zweifelhafter.

Cyberkriminelle finden immer neue Wege, im Internet Geld zu „verdienen". Alles ist gefährdet: Smartphones, Computer, Autos, Maschinen, Haussteuerungen, Videokameras und alle Geräte aus dem Internet der Dinge sind Angriffsziele. Die Methoden der Cyberkriminalität werden immer raffinierter, die Diebeszüge immer größer, die möglichen Folgen immer gravierender.

Unsere Daten werden angegriffen

Diejenigen Institutionen, Behörden und Unternehmen, die uns glauben machen wollen, dass unsere persönlichen Daten bei Ihnen bestens aufgehoben sind, werden selbst ständig von Hackern angegriffen. Ihre, oder besser ausgedrückt, unsere Daten werden gestohlen, manipuliert, kompromittiert, ihre Systeme werden lahmgelegt, sie fallen regelmäßig auf digitale Erpressungen herein. Allein die Tatsache, dass sich die, wie man annehmen sollte, sicherste Behörde der Welt, die National Security Agency der USA, vom Mitarbeiter einer externen Beratungsfirma – Booz

Allen Hamilton – Millionen von geheimen Dokumenten hat stehlen lassen (Stichwort: Snowden-Affäre), sagt im Grunde alles aus über den Schutz unserer Daten bei den staatlichen Behörden. Booz Allen Hamilton ist keine Hackergruppe, sondern zählt mit mehr als 24.000 Mitarbeitern zu den führenden Technologieberatungen der US-Regierung. Wer solche Freunde hat, braucht keine Feinde mehr.

Schreibt man lediglich die Entwicklung der vergangenen Jahre fort, kommt man auf über eine Milliarde Cyberangriffe im Jahr 2020. Untersucht man die Art und Weise der Angriffe, so lassen sich die häufigsten Ursachen für Datenschutzverletzungen herausfinden. Es sind (in dieser Reihenfolge) Datenklau, Phishing, Manipulationen und Social Engineering sowie die unsachgemäße Verwendung von Daten.

Datenspeicher für die Weltbevölkerung

Wir können davon ausgehen, dass sämtliche Informationen, die wir jemals über uns preisgeben (und preisgegeben haben) – ganz gleich, ob diese Preisgabe bewusst oder aus Versehen stattfand – nie mehr verloren gehen. Fingerabdrücke, Surfverhalten, Bilder. Alles, wirklich alles, wird gespeichert – im Zugriff von Behörden, Unternehmen und sicherlich immer wieder auch Hackern. Und es wird immer mehr.

Daten gelten als der Rohstoff, der die digitale Revolution antreibt. In die 2020er Jahre ist die Welt mit einem Datenvolumen von rund 44 Billionen Gigabyte eingetreten.[69] Angetrieben wird die weitere Expansion durch die kontinuierlich steigende Nutzung von Internet, Smartphones sowie sozialen Netzwerken und vor allem durch das Internet der Dinge (auch als „Internet of Things“ bekannt). Die Daten kommen von Milliarden Geräten, die über das Internet kommunizieren und die permanent etwas zu übermitteln haben.[70] Je nach Quelle wird von 25 bis 75 Milliarden Geräten ausgegangen (Stand 2021). „Big Data“ nennt die Fachwelt das Sammeln und Auswerten dieser immensen Datenmengen.

Ein Mensch wäre im Laufe seines Lebens nicht in der Lage, alle diese gesammelten Informationen zu lesen, geschweige denn auszuwerten. Das ist indes nicht nur unmöglich, sondern auch unnötig. Das Lesen der Informationen übernehmen nämlich zunehmend die Computer selbst. Alle unsere Daten werden nicht nur automatisch erfasst, sondern auch automatisch gelesen, analysiert und zu Persönlichkeitsprofilen zusammengeführt. Die Computer kennen uns zusehends besser als unsere Lebenspartner, ja sogar besser als wir selbst. Die lückenlose Auswertung fördert häufig Persönlichkeitsmerkmale zutage, deren man sich selbst nicht oder höchstens vage bewusst ist.

Die Speicher, um alles über uns zu aufzubewahren, sind längst gebaut und werden fortlaufend vergrößert. Die National Security Agency betreibt am Stützpunkt Camp Williams südlich der Stadt Bluffdale im Bundesstaat Utah ein Datenzentrum unvorstellbaren Ausmaßes.[71] Das Fusion Center ist so groß, dass es die persönlichen Daten der gesamten Weltbevölkerung speichern kann. Der Zweck dieser Anlage wird übrigens geheim gehalten. An dieser Stelle sei erwähnt, dass weltweit mehrere dieser Fusion Center stehen, die sämtliche Daten sammeln, um beispielsweise frühzeitig mögliche Terrorgefahren erkennen zu können. Über den Zweck der meisten dieser Anlagen finden sich im Internet Informationen, doch die gewaltigste Anlage – jene in Utah – hüllt sich diesbezüglich in Schweigen.[72] Ihr Speicherplatz variiert je nach Quelle zwischen 3 bis 12 Exabyte (1 EB entspricht 10 hoch 18 Byte, das war 1998 die Größenordnung „menschlichen Wissens", heute sind es geschätzt mehrere Hundert Exabyte) und einem Yottabyte (1 YB entspricht 10 hoch 24 Byte oder 100 Milliarden Festplatten mit 10 Terabyte). Je nachdem, welche Zahl zutreffend ist, stehen im Fusion Center umgerechnet auf die Weltbevölkerung zwischen 1,4 Megabyte und 140 Gigabyte Speicherplatz für jede Person auf der Erde zur Verfügung. Wenn man Moore's Law, benannt nach dem Intel-Mitgründer Gordon Moore, anwendet, nach dem sich die Komplexität integrierter Schaltkreise alle zwölf bis 24 Monate verdoppelt, ist eines klar: Die Kapazitäten zur Speicherung aller Informationen über die Weltbevölkerung steigen weiterhin unaufhaltsam – und damit auch die lohnenden Angriffsziele für Cyberkriminelle jedweder Couleur. Dazu zählen beispielsweise Gesundheitsdaten, die zugleich zu den persönlichsten Informationen eines Menschen gehören. Und doch sammeln moderne Smartphones genau diese Daten schon seit Jahren in einer Health-App. Das Konzept, alle seine Gesundheitsdaten stets mit sich zu tragen, hat in der Coronakrise durch den Impfpass im Smartphone deutlichen Auftrieb erhalten. Doch damit sind erhebliche Gefahren verbunden.

Elektronische Patientenakte stößt auf Skepsis

Anfang 2021 wurde die sogenannte elektronische Patientenakte (ePA) für gesetzlich Versicherte im deutschen Gesundheitswesen eingeführt. Die Idee: Alle Behandlungsdaten mit Röntgenbildern oder Medikamenten sind digital auf einen Blick verfügbar. Doch das Konzept stieß von Anfang an auf erhebliche Widerstände bei allen Beteiligten: den Ärzten, den Apotheken und vor allem auch den Patienten. Zu groß war das Misstrauen, der Datenschutz wäre nicht ausreichend gewahrt und die medizinischen Daten könnten in falsche Hände gelangen.

Dabei war der Aufwand zur Digitalisierung im deutschen Gesundheitswesen enorm. Damit die e-Patientenakte überhaupt genutzt werden konnte, wurden Arztpraxen und Apotheken an eine Telematikinfrastruktur (TI) angeschlossen, die von der Firma Gematik betrieben wird. Die Gematik GmbH war 2005 von den Spitzenorganisationen des deutschen Gesundheitswesens gegründet worden, um gemäß gesetzlichem Auftrag die Einführung, Pflege und Weiterentwicklung der damaligen elektronischen Gesundheitskarte (eGK) und ihrer Infrastruktur in Deutschland voranzutreiben und die Interoperabilität der beteiligten Komponenten sicherzustellen. Die Gesellschafter der Gematik waren das Bundesministerium für Gesundheit (BMG), die Bundesärztekammer (BÄK), die Bundeszahnärztekammer

(BZÄK), der Deutsche Apothekerverband (DAV), die Deutsche Krankenhausgesellschaft (DKG), der Spitzenverband der Gesetzlichen Krankenversicherungen (GKV-SV), die Kassenärztliche Bundesvereinigung (KBV) und die Kassenzahnärztliche Bundesvereinigung (KZBV). Die Gematik hatte die Arztpraxen mit Konnektoren, eine Art Lesegerät, und Heilberufsausweisen, die den Zugang zur TI ermöglichen, ausgestattet, damit die ePA überhaupt funktionierte – diese Technik zählte zur Telematikinfrastruktur 1.0, kurz TI 1.0. Doch gerade, als bis Anfang 2021 viele Praxen in diese Technik investiert hatten und angeschlossen waren, wurde eine neue Telematikinfrastruktur TI 2.0 mit neuen Konnektoren bis 2025 in Aussicht gestellt. Das hatte gute Gründe: Die 2021 eingeführte TI 1.0 galt schon zum Start als unsicher, so dass zügig eine neuere, vermeintlich sicherere Lösung her sollte. Ob TI 1.0 oder 2.0 – in beiden Fällen werden die sensiblen Gesundheitsinformationen der Patienten in einer Cloud gespeichert.[73] Es liegt auf der Hand, dass diese Gesundheitscloud die Cyberkriminellen scharenweise anziehen wird. So war es verständlich, dass das Misstrauen gegen diese elektronische Patientenakte von Anfang an groß war. Andererseits ist nicht zu übersehen, dass mehr als 100 Millionen Menschen weltweit eine Apple Watch am Handgelenk tragen – und die damit gesammelten Gesundheitsdaten, ihre persönlichen Vitalwerte, ihrem Smartphone und damit in der Regel Apples iCloud anvertrauen – freiwillig, ohne Zwang, einfach, weil sie es möchten. Und das ist kein Einzelfall.

Wir geben den Firmen unsere Daten freiwillig

Man mag es dem Staat vorwerfen, dass wir gezwungen sind, ihm unsere Daten anzuvertrauen. Allerdings ist dem entgegenzuhalten, dass wir viele – sehr viele – Daten schlichtweg freiwillig herausrücken – nicht an staatliche Behörden, sondern an Unternehmen wie Facebook oder Google.

Man muss sich klar machen: Die beiden zu Milliardenkonzernen gewachsenen Platzhirsche im Digitalmarkt – Meta/Facebook und Google – verkaufen keine greifbaren Produkte und erbringen auch keine Dienstleistungen im klassischen Sinne. Vielmehr organisieren sie die Daten, die ihnen andere mehr oder minder freiwillig selbst zur Verfügung stellen. Das Google-Prinzip bestand praktisch von Anfang an darin, das World Wide Web durch Computerprogramme nach neuen Webseiten zu durchforsten und mit Schlagworten zu kennzeichnen. Die Betreiber dieser Webseiten wurden und werden nie gefragt, ob sie damit einverstanden sind, und sie erhalten keinerlei Bezahlung dafür. Diese Schlagworte nutzt Google, um bei Anfragen nach diesen Begriffen auf die entsprechenden Webseiten zu verweisen. Die Bedeutung der Seiten für ein Thema leitet sich – vereinfacht ausgedrückt – durch die Tätigkeit der Nutzer selbst ab. Das bedeutet, je mehr Verweise auf einer Seite existieren und je häufiger eine Seite zum jeweiligen Thema aufgerufen wird, umso relevanter erfolgt die Einstufung. Den genauen Algorithmus des sogenannten Page Rankings, benannt nach dem Google-Mitgründer Larry Page, behandelt das Unternehmen als Betriebsgeheimnis.[74] Die Webseiten-

Betreiber zahlen nicht für die Aufnahme in die Datensammlung, die Nutzer nicht für die Suche – wie also verdient Google eigentlich Geld? Die Antwort ist frappierend einfach und geradezu trivial: über Kleinanzeigen. Neben dem Page Ranking erscheinen, passend zum jeweiligen Suchbegriff, kleine Textanzeigen. Wer beispielsweise nach „Hausfinanzierung" sucht, erhält von diversen Finanzinstituten Kleinanzeigen eingeblendet, die nichts mit der Bedeutung – der Relevanz – nach dem Page Ranking zu tun haben, sondern von den Anbietern schlichtweg bezahlt werden.

2021 beliefen sich die Online-Werbeumsätze allein von Google auf beinahe 210 Milliarden Dollar.[75] Das ist deutlich mehr als der gesamte deutsche Werbemarkt, der im selben Jahr bei rund 46 Milliarden Euro lag.[76]

Bereits 2018 kritisierte Tim Cook, CEO des größten Digitalkonzerns Apple, das Verhalten seiner Branche mit harschen Worten: „Zahllose Entscheidungen werden heute auf Basis unserer Vorlieben und Abneigungen gemacht, unserer Hoffnungen und Träume". Mit der Datensammlung würden dauerhafte Profile von Nutzern erzeugt und die verantwortlichen Firmen „kennen dich besser als du dich selbst". Dabei drohe jedoch wachsende politische Polarisierung, denn aus harmlosen Vorlieben würden rasch verhärtete Überzeugungen. „Wir lesen jeden Tag Bericht über den tödlichen Effekt solcher enger Weltsichten", sagte Cook. Die Schuld schob er dem Datenhandel zu: „Das ist Überwachung. Das sollte uns sehr unangenehm sein. Es sollte uns verstören."[77]

Drei Jahre später, 2021, kritisierte der Apple-Chef insbesondere die sozialen Plattformen. Ohne Facebook namentlich zu nennen, sagte er: „Wenn ein Unternehmen auf das Irreführen von Nutzern, Datenausnutzung und Entscheidung, die gar keine sind, aufbaut, dann verdient es unser Lob nicht. Es verdient Verachtung.“[78] Natürlich wollte der CEO von Apple damit auch sein Unternehmen von konkurrierenden Digitalkonzernen abgrenzen. Das mindert jedoch nicht die Wahrheit in seiner Aussage: Die Datenschnüffelei macht Unternehmen wie Google oder Facebook zwar im Unterschied zu Hackern nicht im juristischen Sinne zu Verbrechern, aber die Auswirkungen auf unsere computerisierte Zivilisation sind beinahe ebenso verheerend.

Wie unsicher auf Smartphones vielgenutzte Messagingservices wie WhatsApp oder iMessage sind, wurde 2021 deutlich, als versehentlich ein geheimes Dokument des US-amerikanischen Geheimdienstes FBI an die Öffentlichkeit kam. Aus den Ausführungen des Federal Bureau of Investition ging hervor, dass die Behörde in der Lage ist, private Nachrichten auf WhatsApp und iMessage nahezu in Echtzeit mitzulesen. So stellt beispielsweise der WhatsApp-Mutterkonzern Meta, der auch Facebook betreibt, die Daten nach Aufforderung durch das FBI in Intervallen von 15 Minuten zur Verfügung. Immerhin: Die Inhalte der Nachrichten werden vorgeblich nicht weitergegeben, sondern „nur“ Absender und Empfänger sowie Metadaten. Brisant: Das Adressbuch wird ebenfalls herausgegeben. Damit deutsche Behörden an die Informationen herankommen, bedarf es vorab einer richterlichen Anordnung oder eines Durchsuchungsbefehls – immerhin.[79]

Die fortschreitende Entwicklung, die unsere Welt zusehends mit einem digitalen Nervensystem umspannt, verschlimmert diese Situation.

Digitales Nervensystem um die Welt

Eine weitreichende Allianz nahm bereits vor einigen Jahren ihren Lauf: die Verbindung des Internet der Dinge mit Cloud Computing und der Künstlichen Intelligenz. Vereinfacht ausgedrückt könnte man auch schreiben, das Internet der Dinge sorgt für immer mehr Daten, die aus einem umfassenden Sensornetz kommen, die in der Cloud gespeichert und durch Künstliche Intelligenz ausgewertet werden. So entsteht ein weltumspannendes digitales Nervensystem mit Milliarden von angeschlossenen Mikrofonen, Kameras, Gesichtserkennern, Lippenlesern, Nutzungs- und sonstigen Sensoren, die uns Menschen und unsere Umwelt permanent erfassen, sofort speichern und andauern interpretieren. Die Kombination aus dem Internet der Dinge und Cloud Computing stellt ein Einfallstor für Cyberkriminelle dar, das größer nicht sein könnte. Wo zum „Internet der Dinge“ natürlich auch die in unseren Smartphones und übrigens auch Smartwatches verbauten Sensoren gehören.

Wenn sich Cloud und KI verbünden

Kein menschliches Gehirn wäre in der Lage, die dabei anfallenden gigantischen Datenmengen überhaupt zu erfassen, geschweige denn daraus entsprechende Schlussfolgerungen zu ziehen. Genau das jedoch leistet eine KI-Software, die auf immer leistungsfähigeren Computern immer mehr Informationen verarbeiten und daraus tatsächlich „intelligente“ Schlüsse ziehen kann. Wenn dem so ist, stellt sich natürlich die Frage, ob es nicht sinnvoll ist, immer mehr Denk-, Steuerungs- und Regulierungsaufgaben an diese Art von Maschinen abzutreten.

In diversen Filmen und auch in der Literatur existieren bereits seit Jahrzehnten eine Reihe von Science-Fiction-Visionen, die jeweils von einer Gesellschaft erzählen, die wiederum von einem „höheren Wesen“ beherrscht wird, das sich letztlich als ein gewaltiger Supercomputer entpuppt. Niemand kann ausschließen, dass diese Vision nicht eines Tages zur Realität wird, vor allem nicht, wenn wir die technologische Entwicklung der letzten Jahre beobachten. Extrapoliert man diese aktuellen Entwicklungen, erscheint diese Form der Machtübernahme durchaus glaubwürdig. Natürlich handelt es sich dabei um kein Szenario, das von heute auf morgen geschieht, doch die Perspektive ist unzweifelhaft vorhanden.

Eine Schlüsselrolle spielen dabei immer größere Daten- und Rechenzentren, die gemeinsam eine Cloud bilden. Über 80 Prozent des weltweiten Datenverkehrs zwischen Rechenzentren kam im Jahr 2020 aus der Cloud. Vier von fünf Datenzentren verarbeiten Clouddaten.[80] Grundlage bildet die Annahme, dass sich zwischen 25 und 75 Milliarden Geräte mit Internetanschluss weltweit im Einsatz befinden. Das erzeugte Datenvolumen wird auf mehr als 40 Zettabyte (40 mit 21 Nullen dahinter) pro Monat geschätzt.[81]

Grundlage für diese Einschätzungen bildet die Annahme, dass in den nächsten Jahren weite Teile der Wirtschaft ihre Datenspeicherung und Datenverarbeitung in die Cloud legen werden. Die Funktions- und vor allem die Kostenvorteile der Cloudservices gegenüber firmeneigenen Rechenzentren sind derart hoch, dass Konzerne wie Mittelständler ihre bisherige Zurückhaltung gegenüber Cloudlösungen zügig ablegen werden.

Darüber hinaus wird sich das „Internet of Things" (IoT) in den 2020er Jahren massiv ausbreiten und für heute noch kaum vorstellbare Datenströme sorgen. Künftig wird jede Maschine, jedes Haushaltsgerät und so weiter mit dem Internet verbunden sein. Allein die Digitalisierung der Kraftfahrzeuge und die Verbreitung von mobilen Zahlungssystemen werden enorme Datenmengen produzieren. Wir reden nicht davon, dass das Auto eine Internetverbindung bereitstellt, wenn gelegentlich ein Mitfahrer surfen will, sondern davon, dass der Wagen im Millisekundentakt Informationen an den Hersteller und die Verkehrsinfrastruktur übermittelt, die Musik via Streaming ankommt und die Windschutzscheibe fortlaufend mit Virtual Reality aktualisiert wird. Im Jahr 2020 kamen Schätzungen zufolge rund zwei Milliarden Machine-to-Machine-Internetverbindungen zustande.[82]

Als ein wesentlicher Treiber des „Internet of Things" gilt die Markenartikelindustrie. Jede Zahnbürste, jeder Rasierer und jede Kaffeemaschine, die der Hersteller mit einem Internetanschluss und einer mobilen App versieht, adressiert eine neue Zielgruppe, die zudem gerne bereit ist, für die Innovationen einen

Aufpreis zu bezahlen. So eröffnet sich ein neuer Milliardenmarkt. Strategisch noch wichtiger ist die Erkenntnis, dass sich aus den von den Geräten übermittelten Daten neue Geschäftsmodelle entwickeln lassen, die unter Umständen noch größer als der Ursprungsmarkt sein können. Viele Industrievorstände sind beeindruckt, wie es AirBnB und Uber gelingt, aus den gesammelten Daten über Big Data- und Smart Data-Analysen neue Geschäftsmodelle zu entwickeln und betrachten das durchaus als Vorbild für ihre eigene Zukunft. Bei diesen Datenvolumina wird es eng in den Rechenzentren.

Das Internet der Dinge umschlingt uns alle

Das Internet of Things steht für eine Vision, in der das Internet in die reale Welt verlängert wird und viele Alltagsgegenstände ein Teil des Internets werden – weit über unsere Smartphones und Smartwatches hinausgehend.

Die Vernetzung durch das Internet of Things ist schon längst dabei, uns alle zu betreffen. Für die Wirtschaft stehen dabei über den technologischen Fortschritt hinaus vor allem neue Geschäftsmodelle im Vordergrund, die durch die Vernetzung, die damit anfallenden Daten und deren Auswertung entstehen.

Wirtschaftlich besonders attraktiv sind weitgehend oder ausschließlich datenbasierte Geschäftsmodelle, die der Maxime „Daten sind die neue Währung“ folgen. Unternehmen wie Facebook, Google oder Twitter haben eindrucksvoll demonstriert, wie sich mit dem reinen Datengeschäft Milliardenkonzerne aufbauen lassen, AirBnB und Uber zeigten uns schon jetzt, wie ein datenbasierter „Frontalangriff“ auf herkömmliche Geschäftsmodelle, wie die Hotelbranche und das Taxigewerbe, erfolgreich funktioniert, wenn auch noch unklar ist, wie lange der Erfolg anhält angesichts der juristischen Auseinandersetzungen, die noch lange nicht beendet sind.

Marktforschungsunternehmen beziffern den Markt für Big Data auf über 200 Milliarden Euro. Es ist wohl davon auszugehen, dass sich diese IoT/Big Data-Entwicklung sukzessive auf alle Lebensbereiche ausweitet. Für die Wirtschaft bieten sich dadurch immense neue Chancen und für die Verbraucher mindestens ebenso viele Risiken – beispielsweise die Gefahr, dass alle diese Daten von Kriminellen entwendet und missbraucht werden.

Sicherheit von Anfang an

Mit „Risiken“ ist nämlich insbesondere gemeint, dass das Internet of Things praktisch alle Gegenstände, Geräte und Maschinen für Angriffe über das Netz öffnet. Vor diesem Hintergrund fällt dem Thema Sicherheit eine Schlüsselrolle in beinahe allen Lebensbereichen zu. Daher muss Sicherheit bei der Entwicklung jedes Geräts bereits im Entwurf berücksichtigt werden. Dabei ist vor allem Software-Know-how gefragt, das bei vielen Geräteherstellern (noch) nicht zu deren Kernkompetenzen zählt. Der in vielen Firmen notwendige Wandel vom Maschinenbauer zum

Softwarehersteller stellt eine Herausforderung dar und es bleibt abzuwarten, wie gut diese Entwicklung gemeistert wird.

Einen geradezu entlarvenden IoT-Service entwickelte Amazon 2021 unter dem Projektnamen „AWS Thor" in Anlehnung an Amazon Web Services (AWS) und den nordischen Donnergott Thor; der Service soll mutmaßlich unter dem Namen „Monitron" an den Start gehen. Während es Google und Meta/Facebook vor allem auf das Ausspionieren der Menschen anlegen, soll Monitron eine weltweite Maschinenüberwachung bewerkstelligen. In internen Dokumenten aus dem Jahr 2021 hieß es dazu: „Thor ist ein maschineller Lerndienst, der mithilfe von Temperatur-, Schall- und Vibrationsmessungen vorhersagt, wann eine Maschine wahrscheinlich gewartet werden muss, bevor ein Fehler auftritt. Dadurch können Kunden die Wartung besser planen und unerwartete Leistungsabfälle der Maschinen vermeiden."[83] Die Überwachung erfolgt durch ein Gerät mit Vibrations- und Temperatursensor, das an den Maschinen angebracht wird und die Daten mittels Bluetooth drahtlos übermittelt.[84] Die Analyse der Daten, die in den Amazon-Planungsdokumenten etwas verbrämt als „maschineller Lerndienst" bezeichnet werden, erfolgt durch Künstliche Intelligenz (KI). Ein globales Netzwerk, das Maschinen aller Art überall auf der Welt zusammenführt und analysiert – ein Traum für viele Industrieunternehmen und sicherlich auch für viele Cyberkriminelle.

Die intelligente Vernetzung im Internet of Things schafft eine völlig neue Gefährdungslage. Da jeder Gegenstand mit dem

Internet verbunden ist, kann auch jeder Gegenstand potenziell über das Netz angegriffen, manipuliert oder sogar zerstört werden. Die Kaffeemaschine – mit Mikrofon und Kamera ausgerüstet – kann zum Spion werden, das Auto kann beinahe beliebig manipuliert werden, auch während der Fahrt. Maschinen, Alltagsgegenstände, Eisenbahnen, Flugzeuge – die Liste der potenziellen Angriffsziele ist beinahe unendlich lang. Anders ausgedrückt: Die vom Smartphone bekannte Allgegenwart der Gefährdung greift immer weiter um sich.

Die Frage ist nicht ob, sondern wann?

Die Frage stellt sich also nicht, ob ein mit dem Internet verbundenes Gerät attackiert wird, sondern richtigerweise sollte es heißen: Wann wird dieser Angriff erfolgen? Über 70 Prozent aller Sicherheitsangriffe sind nicht auf die Hardware oder das Netzwerk ausgerichtet, sondern auf die Anwendungssoftware.[85] Mögliche Folgen sind betrügerische Datenmanipulationen, verbrecherischer Datendiebstahl oder gar der völlige Systemstillstand. Für kriminelle Organisationen könnte das Internet der Dinge zum Eldorado werden, denn neben dem klassischen Einbruch könnte sich als zukünftig durchaus lukratives „Geschäftsmodell" die Erpressung von Privatpersonen im großen Umfang erweisen. Denken Sie dabei an ein vollkommen lahmgelegtes Eigenheim. Nichts funktioniert mehr: Kein Strom, keine Heizung, selbst die Eingangstüre entzieht sich Ihrer Kontrolle. Wie viel wären Sie bereit zu zahlen, damit Sie wieder die Herrschaft über Ihre eigenen vier Wände erlangen?

Unser Zuhause, unser Smartphone, unsere Smartwatch am Handgelenk – die Computerisierung der Welt rückt uns immer näher und sie wird immer persönlicher. Die Auswertung immer umfangreicherer Daten über uns erfolgt zusehends mit Hilfe Künstlicher Intelligenz (KI), so dass wir immer transparenter werden. Indes bedienen sich nicht nur der Staat und die Digitalwirtschaft der KI, sondern auch die Hackerszene geht längst mit Hilfe Künstlicher Intelligenz auf Raubzug, wie im nächsten Kapitel dargelegt wird. Dabei gehen die Gefahren der KI allerdings weit über bloße Datendiebstähle hinaus.

KI: Wir werden gedacht

Beinahe im Hintergrund hat die Künstliche Intelligenz Einzug in unseren Alltag gehalten. Unser Smartphone weiß, was wir als nächstes tun werden und zeigt uns auf dem Bildschirm an, wann wir am besten zum anstehenden Termin aufbrechen. Die Navigationsapp hat schon berechnet, auf welchem Weg wir am einfachsten zum vereinbarten Treffpunkt kommen. Wir sprechen mit Alexa und Co. in natürlicher Sprache beinahe schon wie mit einem Menschen. Hinter allen diesen Segnungen unserer modernen Zeit steht Künstliche Intelligenz, kurz KI. Es würde den Rahmen des vorliegenden Buches sprengen, das Thema KI umfassend zu behandeln, aber es zu ignorieren, wäre fatal: Die nächsten Hackergenerationen werden wie selbstverständlich mit KI arbeiten, um uns, unsere Wirtschaft und unsere Staaten anzugreifen. KI-Hacker werden zum Alltag der nahen Zukunft gehören wie etwa die an anderer Stelle in diesem Buch besprochenen Biohacker.

KI-Hacker stellen eine unmittelbare Folge der digitalen Disruption dar, die unsere gesamte Gesellschaft erfasst. Die Auswirkungen dieser Umwälzung werden häufig noch unterschätzt, doch sie werden mindestens ähnlich gravierend sein wie die Viruspandemie der Jahre 2020/21. Doch Politik und Gesellschaft verkennen in weiten Teilen die Auswirkungen der globalen digitalen Revolution auf die Wirtschaft und das Leben der

Bevölkerung. Die Politik ist sich mit dem größten Teil der Gesellschaft einig, wenn es um das Thema Digitalisierung geht: So schlimm wird es schon nicht kommen. Diese Einstellung verkennt den Unterschied zwischen linearer und exponentieller Entwicklung – ein Fehler, der sich schon bei der Virusverbreitung als fatal erwies. Die lineare Betrachtung geht davon aus, dass sich die bisherige Welt Jahr für Jahr in kleinen Schritten voran bewegt. Das Smartphone wird immer etwas besser, der Akku hält immer etwas länger, bei den sozialen Netzwerken kommt immer mal wieder ein neuer Player hinzu. Die Politik überträgt ihre eigene Vorgehensweise der kleinen Schritte in die digitale Welt.

Welt am Abgrund

Diese Einstellung ist falsch und fatal. Sie verkennt, dass die digitale Entwicklung exponentiell verläuft und damit disruptiv auf alle Aspekte der Politik, Wirtschaft und Gesellschaft wirkt. Schlimmer noch: Sie ignoriert Machtverschiebungen und damit den Verlust der Macht, selbst zu gestalten. Der Beruf des Hufschmieds wurde nicht abgelöst, weil sich die Pferde veränderten, sondern weil das Transportwesen mit der Erfindung des Automobils keine Pferde mehr brauchte. Nokia wurde nicht binnen weniger Jahre hinweggefegt, weil Apple die besseren Handys baute, sondern weil Apple grundlegend andere Geräte – Smartphones – auf den Markt brachte. Apple Glass, eine digitale Brille, die auf in den Gläsern eingebauten Minidisplays fortlaufend

Informationen einblendet, ohne dass es jemand außer dem Brillenträger bemerkt, hat das Potenzial, eine ähnlich grundlegende Entwicklung wie das iPhone einzuläuten.[86] Bei selbstfahrenden E-Autos beschleicht derzeit viele Menschen eine Ahnung, dass dies zu ebenso disruptiven Veränderungen führen könnte, die eine ganze Branche an den Abgrund führen wird. Doch es wird nicht bei dieser einen Branche bleiben.

Dass die Tage von Fahrern – Bus, Lastwagen, Taxi – sich dem Ende nähern, gilt längst als ausgemacht. Weniger offensichtlich scheint es zu sein, dass Berufe wie Makler, Verwaltungsangestellte, Allgemeinmediziner, Verkäufer, Bankangestellte, Journalisten, Händler oder Anwälte von der Digitalisierung akut gefährdet sind. Überall dort, wo es um Rollenspiele nach festgelegten Regeln geht, sollte man sich Künstliche Intelligenz vorstellen, nicht wegdenken: Algorithmen statt Sachbearbeiter. Das heißt, der Großteil dieser Tätigkeitsfelder wird künftig von Software mit Künstlicher Intelligenz bearbeitet werden. Es sei beispielhaft auf die Oxford University verwiesen, die schon in einer Studie aus dem Jahr 2017 zu dem Schluss gelangte, dass über alle Branchen hinweg 47 Prozent aller Berufe durch Computer bzw. Software ersetzt werden können. In der Versicherungswirtschaft veranschlagt dieselbe Studie eine „Computerisierbarkeit“ von über 90 Prozent aller Jobs. Wohlgemerkt: Es wird immer noch Ärzte, Makler oder Anwälte geben – aber deutlich weniger als heute, und mit anderen Kompetenzen, in einem anderen Umfeld und mit anderen Verdienstaussichten. Das World Economic Forum ging in seiner Studie „The Future of Jobs“ bereits 2018 davon aus, dass im Jahr 2025 mehr Aufgaben von Computern und Robotern erledigt werden als von Menschen. Man mag darüber spekulieren, ob es 2025 oder erst 2030 so weit ist, doch dass es dazu kommen wird, gilt als sicher. Die Digitalisierung wird Millionen von Arbeitsplätzen vor allem in der White-Collar-Schicht – in der Regel die Mittelschicht – betreffen, viele davon für immer vernichten und unsere Gesellschaft nachhaltig verändern. Der Begriff von der „Digitalen Revolution“ ist nicht übertrieben, er beschreibt schlichtweg unsere Zukunft, mit allen – und zwar enormen(!) – Chancen, aber eben auch mit Risiken. Man mag Hacker in der Vergangenheit eher als eine „Randerscheinung“ wahrgenommen haben – obgleich dieses Buch darstellt, dass der Angriff auf die IT-Systeme schon in vollem Gange ist. Doch die digitale Revolution wird zwangsläufig dazu führen, dass die Angriffsflächen für Cyberkriminelle immer breiter und die von ihnen verursachten Schäden immer größer werden. Jede Maschine und jedes KI-Programm, das menschliches Tun an einem Arbeitsplatz ersetzt, kann gekapert und manipuliert werden. Die KI wird damit geradezu zu einem Tummelplatz für kriminelle Cyberbanden, die Geld wittern oder schlichtweg Chaos anrichten wollen. Am gefährlichsten dürften sich indes die staatlichen Hacker erweisen. Länder wie Russland und Nordkorea sowie mutmaßlich auch China sind schon heute mit beeindruckenden oder wohl besser erschreckenden Cyberarmeen ausgestattet, die nur auf das Fortschreiten der digitalen Revolution im Westen warten, um anzugreifen. Jeder Job, der wegfällt, weil seine Arbeit von Computern und Software übernommen, spielt den

Internetkriminellen in die Hände. Doch die Politik bereitet sich und die Gesellschaft wenig bis gar nicht auf diese Zukunft vor. Die digitale Revolution kommt in den 2020er Jahren ebenso „überraschend“ auf uns zu wie die Viruspandemie 2020/21 – alle Warnzeichen wurden über Jahre hinweg ignoriert.

In der Pandemie wurden im Frühjahr 2020 in den USA binnen eines Monats mehr Jobs vernichtet als in den elf Jahren seit der Finanzkrise 2008 neu entstanden waren. Die Arbeitslosenquote schoss inklusive Dunkelziffer auf rund 20 Prozent der erwerbstätigen Bevölkerung in die Höhe.[87] Ein Großteil dieser Jobs kommt nie mehr zurück, weil die ohnehin anrollende Digitalisierungswelle seit 2020/21 kräftig zugelegt hat. In Deutschland wird dieser Absturz in eine hohe Arbeitslosigkeit bis 2030 sicherlich sozial abgefedert erfolgen. Aber man muss sehr blauäugig sein, um diese Tendenz zu ignorieren. Eine Schlüsselrolle spielt dabei die Künstliche Intelligenz (KI).

Wir werden gedacht

Als ein Schlüsselkriterium für Künstliche Intelligenz gilt die Frage, ob ein intelligenter Mensch in der Lage ist, zu erkennen, ob er es mit einem Menschen oder einer Maschine zu tun hat, beispielsweise bei einem Chat oder einem Telefonat. Es ist der sogenannte Turing-Test, benannt nach dem berühmten britischen Mathematiker Alan Turing. Bis zum Juni 2014 konnte keine Software den Turing-Test zweifelsfrei bestehen. Doch am 8. Juni 2014 stuften im Rahmen einer Veranstaltung der Royal

Society in London erstmals Turing-Prüfer die russische Software „Eugene Goostman“ als einen Menschen ein; sie hielten die Software tatsächlich für einen 13jährigen Jungen aus der Ukraine.[88] Der Durchbruch war geschafft. Seitdem liefern sich Digitalkonzerne wie Amazon, Apple, Google, Alibaba und sicherlich viele weitere Unternehmen einen Wettlauf um die erste und beste KI-Software, die einen Menschen so täuschend echt simuliert, dass der Unterschied zu einem Menschen aus Fleisch und Blut nicht auffällt.

Die chinesischen Forscher Feng Liu, Yong Shi und Ying Liu haben bereits 2017 den Intelligenzquotienten (IQ) von öffentlich zugänglichen KI-Systemen unter die Lupe genommen. Das Ergebnis: Google liegt deutlich vor der Konkurrenz und kommt bereits an den IQ von Menschenkindern heran.[89] In Zahlen: Im Maximum erreichten die KI-Systeme einen Wert von rund 47, was etwa einem sechsjährigen Kind in der ersten Klasse entspricht. Bei ähnlichen Tests aus dem Jahr 2014 wurde ein Maximalwert von 27 erreichen. Zum Vergleich: Ein Erwachsener kommt im Durchschnitt auf 100. Wenn sich diese Entwicklung im gleichen Zuge fortsetzt, wäre die Computerintelligenz schon im Jahr 2026 bei 97 Prozent eines Durchschnittsmenschen angekommen.[90]

Einen vorläufigen Höhepunkt stellte ein legendäres Google-Telefonat im Jahr 2018 dar: Der Konzern führte auf seiner Technikkonferenz I/O (Input/Output, also Eingabe/Ausgabe) im Mai 2018 öffentlich vor, wie ein Telefoncomputer dem Menschen auf der Gegenseite offensichtlich glaubhaft den Eindruck vermittelte, er sei ebenfalls ein Mensch.[91] Im konkreten Fall ging es um die Vereinbarung eines Friseurtermins:

Mensch: „Hallo, wie kann ich Ihnen helfen?“

Computer: „Hi, ich rufe an, um für eine Kundin einen Damenhaarschnitt zu buchen.“

Computer: „Am besten wär's am 3. Mai.“

Mensch: „Klar, einen Moment bitte.“

Computer: „Mm-Hmm.“

Mensch: „Gut. Um welche Uhrzeit würde es denn passen?“

Computer: „Um 12 Uhr.“

Mensch: „Um 12 Uhr haben wir nichts mehr frei. Die nächste Möglichkeit wäre 13:15 Uhr.“

Computer: „Haben Sie vielleicht etwas zwischen 10 und 12 Uhr?“

Mensch: „Kommt darauf an, was gemacht werden soll. Was will sie denn gemacht haben?“

Computer: „Für's Erste nur einen Damenhaarschnitt.“

Mensch: „Okay, das können wir um 10 Uhr machen.“

Computer: „10 Uhr passt prima.“

Mensch: „Okay, wie lautet ihr Vorname?“

Computer: „Der Vorname ist Lisa.“

Mensch: „Okay, perfekt. Dann sehen wir Lisa am 3. Mai um 10 Uhr."

Computer: „Okay. Super. Danke."

Mensch: „Prima. Einen schönen Tag noch. Tschüss."

Aus dem Dialog wird klar, dass der Mensch nicht erkannte, dass er mit einem Computer sprach. Seitdem steht der Verwendung von KI-Systemen als „Ersatzmenschen" für ein breites und immer weiter wachsendes Spektrum an Dialogsystemen im Grunde nichts mehr im Wege. Erwarten wir also kriminelle Cyberbanden, die uns mit freundlicher Stimme anrufen, alles oder jedenfalls vieles von uns wissen und uns ohne Weiteres davon überzeugen, echte Menschen zu sein.

Auf absehbare Zeit werden das sicherlich Systeme sein, mit denen wir uns entweder schreibend (Chat) oder telefonisch unterhalten. Mit anderen Worten: Wir nutzen das Smartphone zum Schreiben oder Sprechen – aber nicht mit anderen Menschen, sondern mit einem „KI-Geist" im Gerät oder in einer damit verbundenen Cloud. Es ist absehbar, dass es irgendwann einmal Roboter sein werden, mit denen wir kommunizieren. Die Vorstellung eines Androiden, also eines intelligenten Kunstmenschen, gehört heute noch in das Reich der Science Fiction. Doch es stellt sich nicht die Frage, ob diese Vision einmal Realität werden wird, sondern nur wann. Das Zusammengehen von Künstlicher Intelligenz und Robotik wird einer der nächsten großen Schritte. Dabei wird KI unauffällig wie allgegenwärtig: Sie hält Einzug in unseren Alltag. Bedenken wir: Unser Smartphone ist überaus nützlich und im Grunde unentbehrlich. Um wieviel nützlicher wäre es, wenn es auch kochen, spülen und putzen könnte, wenn also aus dem Smartphone ein Smart Robot würde?

Intelligente Maschinen, die die Arbeit erledigen, sind im Grunde ein uralter Menschheitstraum. Haushaltsroboter, die für uns kochen, putzen und einkaufen. Ein persönlicher Assistent, der uns die Organisation unseres Alltags abnimmt. Mit Robotik und Künstlicher Intelligenz kommen wir dem Paradies immer näher. Wenn uns dennoch gelegentlich bei dem Gedanken an Maschinen, die klüger sind als wir, ein mulmiges Gefühl beschleicht, dann wohl deshalb, weil wir im Grunde ähnlich denken, wie es der Physiker Stephen Hawking 2014 in einem Interview mit der BBC formulierte: „Künstliche Intelligenz könnte das Beste sein, oder das Schlimmste, was der Menschheit je zugestoßen ist.“[92]

Dabei gilt die Künstliche Intelligenz keineswegs als die Spitze der Forschung, um das menschliche Gehirn je nach Betrachtungsweise zu ergänzen oder zu ersetzen. Das „eigentliche“ Ziel besteht nämlich nicht darin, eine intelligente Maschine zu bauen, sondern „lediglich“ eine Maschine, die ihrerseits in der Lage ist, intelligente Maschinen zu bauen. Man redet in diesem Zusammenhang von Künstlicher Evolution (KE) oder Technologischer Singularität. Man kann es auch drastischer ausdrücken: die maschinelle Intelligenz überholt die menschliche Intelligenz. Es entsteht somit eine übermenschliche Intelligenz. Diese erste Superintelligenz wäre also die letzte Erfindung, die die

Menschheit zu machen hat, da zukünftige Erfindungen ab dann weitestgehend von Maschinen entwickelt würden. Im KI-Labor von Google geht man davon aus, dass dieser Zeitpunkt im Jahr 2045 erreicht werden könnte.[93] Demnach wird es schon ab etwa 2029 endgültig nicht mehr möglich sein, die Unterhaltung mit einer Maschine vom Gespräch mit einem Menschen zu unterscheiden – ein Idealzustand für KI-Gauner, die künftig mit einschmeichelnder Stimme und viel persönlichem Wissen über ihr Opfer auf Betrug aus sind. Wenn uns in einigen Jahren „jemand" auf dem Smartphone schreibt oder uns anruft, sollten wir also darauf gefasst sein, dass es ein „KI-Geist" ist, ein intelligenter Nicht-Mensch.

Eine besonders perfide Methode stellt in diesem Zusammenhang die Nutzung biometrischer Daten dar. Dazu gehören unsere Fingerabdrücke und unser Gesicht – beides wird schon seit vielen Jahren von modernen Smartphones erfasst.

Gefahrenstelle Biometrie

Wir haben uns längst angewöhnt, unser Smartphone per Fingerabdruck und Gesichtserkennung zu entsperren. Es ist viel moderner, einfacher und wie uns die Hersteller glauben machen wollen auch sicherer als die umständliche Eingabe einer PIN oder gar eines Passworts. Die damit einhergehende biometrische Vermessung unseres Körpers birgt indes Risiken, die wir angesichts der Bequemlichkeit beim einfachen Entsperren unseres Smartphons in der Regel völlig übersehen.

Digitale Fingerabdrücke

Im Jahre 1858 wurde die Daktyloskopie geboren, die Lehre von den Fingerabdrücken. Es handelt sich dabei um das älteste biometrische Verfahren zur eindeutigen Identifizierung von Menschen.[94] Der britische Kolonialbeamte Sir William James Herschel registrierte in Bengalen (Indien) Zahlungsempfänger anhand ihrer Fingerabdrücke, um Betrug durch Mehrfachauszahlungen zu verhindern. Ihm gebührt also der Verdienst, die erste Fingerabdrucksammlung der Welt angelegt zu haben. Der Mediziner Henry Faulds brachte nach eingehenden Untersuchungen der menschlichen Hautleisten 1880 den Vorschlag, Fingerabdrücke an Tatorten zur Überführung von Verbrechern zu nutzen und dafür alle zehn Finger für die Daktyloskopie zu erfassen.[95] Es war der Engländer Francis Galton, der das im Wesentlichen heute noch verwendete Klassifizierungssystem der Daktyloskopie entwickelte, das immer noch bei der Polizei weltweit im Einsatz ist.[96]

Vom Verbrecher zum Normalbürger

Seitdem war klar: Wessen Fingerabdrücke genommen wurden, der gehörte zumindest zum Kreis der Verdächtigen im Zusammenhang mit einem Verbrechen. Doch darüber sind wir längst hinaus. Heute erfolgt die biometrische Vermessung des Menschen weit über Fingerabdrücke hinaus und losgelöst davon, ob wir Schwerverbrecher oder unbescholtene Bürger sind.

Seit 2010 müssen Einreisende in die Vereinigten Staaten die Erfassung der Abdrücke aller zehn Finger über sich ergehen lassen. [97] Das sei „keine große Sache", sagte damals Robert A. Mocny, der Leiter des Programms US-Visit im Heimatschutzministerium. Die große Welle der Erfassung biometrischer Daten begann und wird seitdem größer und größer.

Unter biometrische Daten fallen alle äußerlichen Merkmale eines Menschen, die sich nicht oder nur sehr schwer ändern lassen. Dazu gehören nicht nur Fingerabdrücke, sondern beispielsweise auch die Schlüsselmerkmale des Gesichtes wie der Augenabstand und die Iris, also das Innere des Auges.

Firmen erfassen unsere Fingerabdrücke

Waren es früher nur Staaten, allen voran die USA, die Fingerabdrücke im großen Stil sammelten, erfuhr diese Situation im Jahre 2013 schlagartig eine fundamentale Änderung. Apple stellte das iPhone 5s vor, in das ein Fingerabdrucksensor fest verbaut war.[98] Wer nicht ständig den PIN-Code zum Entsperren des Gerätes eintippen wollte, erfasste einen oder mehrere seiner Fingerabdrücke und konnte fortab einfach durch Auflegen eines Fingers das Gerät nutzen. Als der US-Konzern Apple mit dem Sammeln von Fingerabdrücken begann, gab es einen kurzen Aufschrei von Datenschutzaktivisten, der jedoch rasch verpuffte.[99] Seitdem werden die Fingerabdrücke von Millionen von Menschen nicht nur von Staaten, sondern auch von Unternehmen erfasst. Auf Apple folgten rasch Samsung, Huawei und sämtliche anderen namhaften Smartphone-Hersteller. Seitdem gilt es als völlig normal, dass unbescholtene Bürger tagtäglich ihre Fingerabdrücke abgeben.

Sieg der Bequemlichkeit

Es siegte die Bequemlichkeit: Schließlich ist es viel einfacher, seinen Finger kurz auf das Gerät zu legen, statt bei jeder Nutzung den PIN-Code eintippen zu müssen. Die Bequemlichkeit stellt beinahe immer einen Erfolgsgaranten dar, wenn es darum geht, an die Daten der Bürger zu kommen – gleichgültig, ob es sich dabei um Regierungen oder um Unternehmen handelt.

Apple behauptet, dass nicht der Fingerabdruck gespeichert würde, sondern lediglich ein Code (eine Prüfsumme), der aus dem Abdruck generiert wird. Dieser Code soll nicht an Apple übermittelt, sondern nur im jeweiligen Gerät in einem SoC-Baustein (System on a Chip) gespeichert werden. Ob das stimmt oder nicht, ist selbst von Fachleuten nur schwer zu überprüfen. Selbst wenn diese Aussage korrekt sein sollte und Apple tatsächlich besonders hohen Wert darauflegt, die Daten seiner Kunden zu schützen, ist das Schutzniveau bei konkurrierenden Herstellern möglicherweise und vermutlich geringer. Unabhängig davon hat die Erfahrung gezeigt, dass einmal erfasste Daten in der Regel weitergereicht und weiterverwendet werden.

Fehlfunktionen und Missbrauch

Die Fingerabdruckspeicherung verdeutlicht zudem die Problematik von Fehlfunktionen und Missbrauch bei biometrischen Daten. Am 21. September 2013 meldete der Chaos Computer Club (CCC), die Touch-ID-Sicherheitssperre auch ohne einen echten Finger überwunden zu haben.[100] Dabei wurde ein auf der Displayoberfläche befindlicher Fingerabdruck gescannt. Anschließend wurde der digital nachbearbeitete Scan auf einem Laserdrucker auf eine Transparenzfolie gedruckt, welche als Maske für die Belichtung einer Leiterplatte diente. Anschließend wurde die mit ultraviolettem Licht belichtete Platine geätzt und mit Grafit besprüht, um die Struktur und Leitfähigkeit des späteren Trägermaterials zu erhöhen. Abschließend wurde eine

Fingerattrappe damit versehen und in einem Testversuch nach wenigen (korrekten) Zurückweisungen fälschlicherweise akzeptiert. Natürlich ist diese Vorgehensweise viel zu aufwendig, um „nebenbei“ einen Fingerabdrucksensor zu überlisten. Dennoch zeigt der Vorfall, dass die biometrische Datenerfassung keineswegs die hundertprozentige Sicherheit gewährleistet, wie sie häufig von Unternehmen beworben wird. Es ist offenbar möglich, durch die Fälschung eines Fingerabdrucks die digitale Sicherheitshürde zu überwinden. Das ist kein beruhigendes Gefühl – ganz im Gegenteil.

Die digitale Vermessung der Menschheit im großen Stil hat mit dem Fingerabdruckscanner begonnen, doch schon warten die nächsten Technologien darauf, eingesetzt zu werden. Dazu gehört die automatische Gesichtserkennung, die nicht mehr wartet, sondern längst im Einsatz ist.

Automatische Gesichtserkennung

Am 12. September 2017 stellte Apple mit dem iPhone X das erste massentaugliche Smartphone vor, das seinen Benutzer erkennt. In der Frontseite des Gerätes ist eine sogenannte True-Depth-Kamera eingebaut.[101] Sie bewertet das erfasste Gesicht anhand von 30.000 Bildpunkten und entscheidet, ob es sich dabei um den Gerätebesitzer handelt oder nicht. Face-ID nennt Apple diese Funktion. Der von Apple gewählte Begriff Face-ID ist wohl nur als gezielte Verschleierung zu werten. Es geht nämlich keineswegs nur um die Erkennung eines Gesichts, sondern es steckt viel mehr dahinter.

Unsere Gefühle werden erkannt

Was kaum einer weiß: Der Wechsel vom Fingerabdruck zur Gesichtserkennung stellt nicht nur eine neue Methode dar, um eine bestimmte Person zu identifizieren. Vielmehr ermöglicht die auf das Gesicht ausgerichtete Kamera die Auswertung von Mikroausdrücken. Unter diesem Begriff werden Emotionen („Gefühle") verstanden, die sich für die Dauer von Sekundenbruchteilen auf unserem Gesicht zeigen. Man betrachtet also das Display, um einen Text zu lesen oder ein Bild zu studieren, und die Kamera erkennt, ob man sich darüber freut, ärgert, ob man begeistert oder verängstigt ist. Wer das einmal spielerisch ausprobieren möchte, kann eine App wie „Rainbow" herunterladen. Beim ersten Mal ist es verblüffend zu erleben, wie sich die Spielfigur verändert, je nachdem, ob man die Augenbrauen erstaunt nach oben zieht oder verärgert zusammenzieht.[102]

Mag man „Rainbow" noch als belustigend empfinden, ist die App „AR MeasureKit" mit ihrer Funktion „Face Mesh" eher beängstigend.[103] „Face Mesh" demonstriert für jedermann, wie das iPhone das gesamte Gesicht automatisch scannt, daraus eine digitale Gesichtsmaske erstellt und daraufhin 50 verschiedene Gesichtsausdrücke erkennen kann. Mit dem linken Auge blinzeln, die rechte Augenbraue anheben, die Nase nach rechts oder links rümpfen, den Mund verziehen, die Lippen zusammenpressen,

Wangenbewegungen und vieles mehr. So werden 50 Muskelbewegungen haarklein beobachtet. Die App zeigt auf die Zehntelsekunde genau an, wie lange welche Muskeln auf welche Art und Weise aktiv sind.

Von der Erkennung zur Interpretation der Mimik

Der Weg von der Erkennung zur Interpretation und Nutzung des Gesichtsausdrucks ist nicht mehr weit. Mit dem iPhone X erstmals eingeführt, hat Apple Face-ID auch in weitere Gerätegenerationen eingebaut. So sind die meisten seit September 2018 von Apple vorgestellten neuen iPhones und auch viele neue iPads mit Face-ID ausgerüstet.

Nebenbei: Bei Apples Face-ID existiert schon lange eine Sicherheitslücke, die so trivial ist, dass sie kaum jemand kennt. Es gibt nämlich in den Einstellungen des iPhones eine Funktion „Face-DC für alternatives Erscheinungsbild konfigurieren". Was so harmlos klingt, hat es in Wirklichkeit in sich: Man kann damit ein zweites Gesicht von dem Gerät erfassen lassen, so dass es sich mit diesem ebenfalls entsperren lässt. Wenn man sein iPhone also kurz zu Hause oder am Arbeitsplatz liegen lässt, kann eine andere Person ohne Weiteres ihr eigenes Gesicht erfassen lassen und künftig das Gerät jederzeit entsperren. Zwar benötigt diese andere Person dafür einmalig den vierstelligen Sicherheitscode des Geräts, aber wenn man zusammen lebt oder arbeitet ist es erfahrungsgemäß oft nicht schwierig, den Code über die Schulter hinweg abzugucken. Wer auf Nummer sicher gehen will, sollte also gelegentlich Face-ID zurücksetzen und neu erfassen, um damit gleichzeitig alle anderen Gesichtserkennungen auszuschalten.[104]

Wenn man die erweiterte Auswertung der Gesichtserkennung über die bloße Identifizierung hinaus extrapoliert, bleibt es wohl nur eine Frage der Zeit, bis sich um uns herum sämtliche Geräte automatisch erkennen, wie wir uns fühlen, was wir denken, wie wir reagieren. Wenn wir ein Buch in einem digitalen Bookreader wie Amazons Kindle lesen, können wir uns in Zukunft die Bewertung ersparen – Amazon weiß längst Seite für Seite, was wir mögen und was nicht. Recommendation Engine – Empfehlungsmaschine – heißt die Technologie, mit der Amazon uns immer neue Vorschläge für Bücher unterbreiten wird, die uns aufgrund unseres bisherigen Leseverhaltens vermutlich gefallen werden.

Amazon nutzt diese Technologie schon seit Jahren, um uns anhand unserer bisherigen Käufe nicht nur von Büchern immer neue Produkte gezielt zum Kauf anzubieten. Etwa 30 Prozent des Amazon-Umsatzes basiert auf computer-generierten Empfehlungen. Aber bislang konnte dabei nur unser Verhalten – welche Produktseiten rufen wir auf, wie lange beschäftigen wir uns mit jeder Seite und welche Waren kaufen wir tatsächlich – berücksichtigt werden. Künftig wird unser Gesichtsausdruck mit ausgewertet, und damit verschafft sich Amazon – und viele andere Digitalkonzerne – einen direkten Zugang zu unserer Gefühlswelt. Eine erschreckende Zukunftsvision? Leider nicht, sondern der kommende technologische Schritt.

Bedenken wir: Jedes Smartphone, jedes Tablet, jeder Laptop ist mit einer Frontkamera ausgerüstet. Noch verfügen die wenigsten davon über eine automatische Gesichtserkennung, geschweige denn über eine Gefühlserkennung wie Apples Face-ID. Aber so sicher wie das Smartphone das Mobiltelefon abgelöst hat, so sicher werden künftig immer mehr Kameras in der Lage sein zu verfolgen, was wir denken und was wir fühlen.

Terror-Biometrie

Technologiefirmen ebenso wie Sicherheitsbehörden versuchen uns gerne glaubhaft zu vermitteln, dass die Identifizierung durch biometrische Daten – Fingerabdruck, Irisscan, Gesichts- oder Stimmerkennung – besonders zuverlässig, ja, geradezu 100-prozentig sicher sind. Das entspricht keineswegs der Wahrheit. Cyber-Terroristen haben längst einen Weg gefunden, biometrische Daten im großen Stil zu stehlen. Im Darknet – also im verborgenen Teil des Internets – existiert bereits ein florierender krimineller Handel mit Millionen geklauter biometrischer Identitäten. Ein Ausweis mit biometrischen Daten der betroffenen Person ist für rund 3000 Euro zu haben.[105]

Frontex, die Grenzschutzagentur der Europäischen Union, gibt „einige Fälle von gefälschten Pässen mit einem manipulierten Chip in der EU und im Schengenraum“ zu.[106] Vermutlich handelt es sich dabei jedoch bereits um einige hundert derartiger Fälle und die Zahl wird weiter ansteigen. Dann befinden sich in einigen Jahren zigtausende Ausweise mit Biochips – also Chips, auf denen die biometrischen Daten vermeintlich sicher gespeichert sind – im Besitz krimineller Organisationen. Die Folgen für uns persönlich und vermutlich auch für die Wirtschaft der einzelnen Länder können aktuell noch gar nicht abgesehen werden.

Die gestohlenen Daten stammen überwiegend aus Großdatenbanken, in denen Tausende und oftmals Millionen von Personenprofilen gespeichert werden. Im August 2018 gelang der ARD-Journalistin Sabine Wolf der Nachweis, dass die größte biometrische Datenbank der Welt mit 1,2 Milliarden Daten nicht sicher ist.[107] Im gleichen Jahr wies der Sicherheitsexperte Gunnar Porada auf eine seit zehn Jahren bestehende Sicherheitslücke bei Fingerabdruckscannern hin, die auch bei deutschen Einwohnermeldeämtern im Einsatz sind. Die klaffende Lücke: Die Übermittlung des Fingerabdrucks zwischen Erfassungsgerät und Computer erfolgt unverschlüsselt, ist also mithin leicht abgreifbar. Der Hersteller des Behördenscanners Dermalog räumte den Fehler ein. Die Firma gehört zum bundeseigenen Unternehmen Bundesdruckerei. Das Bundesinnenministerium hingegen wiegelte ab und stufte das Gerät als „angemessen sicher“ ein.[108] Wenn es noch eines weiteren Beweises gebraucht hätte, um das geringe Sicherheitsbewusstsein der deutschen Behörden beim Umgang mit personenbezogenen und speziell biometrischen Daten zu dokumentieren, dann ist es dieser Einlass des Bundesinnenministeriums. Der Bundesinnenminister in dieser Zeit hieß übrigens Horst Seehofer, ein Mann, der sich mit „Law and order“ politisch zu profilieren versuchte. Rigorose Grenzkontrollen gegen Flüchtlinge war sein politisches Credo, um die Sicherheit der

Bundesrepublik Deutschland zu stärken. Verständnis für technologische Kriminalität gehörte wohl nicht zu seinen Stärken. Es war übrigens dieselbe Bundesdruckerei, die 2020 versicherte, dass ihre Technik sicher genug ist, um Ausweise im Smartphone zu speichern. Das Bundesunternehmen zählte über den Personalausweis hinaus gleich ein ganzes Füllhorn von Dokumenten auf, die sie ins Smartphone bringen möchte: Bahntickets, Autoschlüssel, Führerscheine und die elektronische Gesundheitsakte. Anfang 2021 legte das Bundesinnenministerium einen Gesetzentwurf vor, nachdem der Personalweis im Smartphone als amtliches Dokument Gültigkeit erlangt (nicht als Ergänzung, sondern allein der digitale Perso wird als Ausweis akzeptiert).[109] Die Gefahr ist offensichtlich: Hacker, die im Smartphone an die Identifikation herankommen, können unter der Identität des Bestohlenen alles erledigen, was man mit einem gültigen Personalausweis tun kann. Derjenige, dessen digitale Identität geraubt wurde, wird dies in der Regel lange Zeit nicht einmal merken. Man kann im Portmonee prüfen, ob man seinen Ausweis noch besitzt, solange dieser physisch vorhanden ist. Aber ob heimlich eine Kopie des Ausweises im Smartphone angefertigt wurde und irgendwo auf der Welt für kriminelle Machenschaften verwendet wird, fällt frühestens auf, wenn es längst zu spät ist, weil man es nicht selbst überprüfen kann – jedenfalls nicht, wenn es die Hacker schlau anstellen. Der Bedarf an digitalen Identitäten ist groß, dem entsprechend hoch wird die Kriminalitätsrate sein.

Schon Ende 2017 verhaftete die türkische Polizei in der osttürkischen Stadt Kirsehir zehn Mitglieder der Terrororganisation

„Islamischer Staat" (IS), die in ihrem Haus Fingerabdruckformen lagerten. Die Formen hatten zur Herstellung von Fingerabdrucküberzügen gedient. Nachweislich nutzte der IS gefälschte Fingerabdrücke für illegale Finanztransaktionen.[110]

Udo Helmbrecht, Chef der Europäischen Agentur für Netz- und Informationssicherheit, ENISA, wird nicht müde, Verbraucher vor dem sorglosen Umgang mit digitalisierten biometrischen Merkmalen zu warnen. Handy, Bankkonto oder Smarthome: In keinem Fall können wir überprüfen, wie sicher die eingesetzten Geräte und vor allem auch die verwendete Software tatsächlich sind. Sorglos werden wir in Zukunft unsere Fingerabdrücke, unsere Gesichtsmerkmale, unsere Iris und vieles mehr preisgeben, um modern zu sein. Die verwendete Hardware und Software kommt in vielen Fällen aus den USA, oftmals stecken in Asien gefertigte Chips in den Geräten. Die Speicherung unserer Daten in der Cloud lassen wir in der Regel zu, damit wir alle unsere Geräte mit unserer biometrischen Erkennung nutzen können. Wieder einmal fegen Bequemlichkeit, Gedankenlosigkeit – und in vielen Fällen schlichtweg Unkenntnis – alle eventuellen Sicherheitssorgen weg.

Der große Trugschluss besteht darin zu glauben, dass biometrische Daten zu 100 Prozent sicher sind. Unseren Fingerabdruck gibt es nur einmal, ebenso unsere Iris oder unser Gesicht. Abgesehen davon, dass auch hier Verwechslungen und Irrtümer nicht nur möglich, sondern auch nachweisbar sind, vergessen wir gerne die nachgeordneten Systeme. Die biometrischen Daten werden erfasst, zum Computer übertragen, in die Cloud geschickt, in eine Datenbank aufgenommen, auf Servern gespeichert und bei einer Abfrage übermittelt. Das alles birgt potenzielle Schwachstellen für Hackerangriffe. Der Verbraucher, der seine Iris, seine Fingerabdrücke oder seine Gesichtsmerkmale einem Gerät anvertraut, besitzt normalerweise keine Ahnung und keinerlei Kontrolle vom Sicherheitsniveau des jeweiligen Gerätes und vor allem nicht von der nachgeordneten Verarbeitungskette.

Das Schlimmste dabei: Wenn biometrische Daten einmal in die falschen Hände geraten, sind sie sozusagen für immer verloren. Wenn unser Passwort geknackt wird, können wir es sperren und uns ein neues ausdenken, das wir fortan verwenden. Aber wir können uns keine neuen Fingerkuppen zulegen, nicht einfach unsere Gesichtszüge ausreichend verändern oder uns neue Augen besorgen. Hersteller und Behörden wollen uns vorgaukeln, dass die biometrische Sicherheit am höchsten ist. Was dabei gerne vergessen wird: Sie ist auch am gefährlichsten.

Das gilt insbesondere dann, wenn unsere biometrische Identität dazu herhalten muss, unsere digitale Identität zu bestätigen. Das ist beispielsweise der Fall, wenn anhand unseres Fingerabdrucks oder unseres Gesichts ein digitaler Zwilling in den Computersystemen von Unternehmen und Behörden angelegt wird, wie im nachfolgenden Kapitel erläutert.

Digitale Identität

Eine digitale Identität ist zunächst einmal nichts anderes als eine Auswahl von Informationen über einen Menschen, die im Computer gespeichert werden. Das ist also im Grunde genommen gar nichts Neues.

Der nächste Schritt erfolgt durch eine digitale Legitimation, mit welcher der echte Mensch durch Abgleich mit diesen Computerdaten beweisen kann, dass er es ist. Das klassische Beispiel hierfür stellt ein maschinenlesbarer Personalausweis dar. Wenn der Ausweis eine eindeutige Nummer trägt, die von einem Scanner automatisch erfasst werden kann, so lässt sich dieser Ausweis im Computer mit den dort gespeicherten Daten abgleichen und erkennen, um wen es sich handelt, der diesen Ausweis vorlegt. Aber im Grunde ist damit nur die Identität des Ausweises sichergestellt, nicht der Person, die ihn auf den Scanner legt.

Um diese Hürde zu überwinden, setzte sich schon vor langen Jahren das Konzept durch, den Personalausweis mit biometrischen Informationen über die Person, um die es sich dreht, zu versehen. Biometrische Daten sind alle Arten von Informationen, die als unveränderbar mit einem Menschen aus Fleisch und Blut verbunden anzusehen sind. Dazu gehören das eigene Gesicht, die Augen, die Fingerabdrücke und andere Körpermerkmale, die nicht oder jedenfalls nur schwer zu ändern sind. So trägt jeder

Personalausweis in Deutschland ein computerlesbares Porträtfoto des Gesichts der jeweiligen Person. Beim Vorlegen des Ausweises kann ein Computer automatisch abgleichen, ob das Gesicht auf dem Ausweis und das desjenigen, der ihn vorlegt, identisch sind. Wohlgemerkt: Auch das ist nichts Neues.

Digitaler Zwilling

Eine neue Dimension entsteht indes, wenn sich aus den gesammelten Daten über einen Menschen eine Art digitaler Zwilling erstellen lässt: eine digitale Identität. Die Brücke zwischen dem Menschen aus Fleisch und Blut und seinem Zwilling im Computer entsteht durch die Erfassung, Speicherung und Auswertung der biometrischen Daten. Das computerlesbare Porträtfoto im Personalausweis stellt hierfür nur ein Beispiel dar. Die Erfassung von Fingerabdrücken ist mittlerweile mindestens ebenso populär geworden: Millionen von Menschen entsperren ihr Smartphone per Fingerabdruck – oder gleich per Gesichtserkennung.

Je umfassender die Informationen sind, aus denen sich der digitale Zwilling zusammensetzt, desto kritischer wird die Sache – spätestens dann, wenn es zu Diskrepanzen zwischen dem realen Menschen und der digitalen Identität kommt.

Stellen Sie sich vor, Sie wollen eine Landesgrenze überschreiten und bei der automatischen Passkontrolle fällt auf: Sie haben die Grenze schon längst übertreten, Sie sind schon eingereist.

Natürlich sind das nicht Sie, sondern Ihr digitaler Zwilling. Nur: Wie wollen Sie eigentlich beweisen, dass Sie tatsächlich Sie sind und es sich augenscheinlich bei Ihrem digitalen Zwilling um eine Fälschung handelt – und nicht umgekehrt. Diese Möglichkeit, die „eigentlich“ gar nicht existiert, nämlich dass Ihr digitaler Zwilling von Ihrer wahren Identität abweicht, dass er gewissermaßen ein Doppelleben führt, zeigt exemplarisch die Gefahren digitaler Identitäten auf.

Zusammengefasst lässt sich feststellen: Die digitale Identität ist im Grunde nichts Neues. Schon seit Jahrzehnten werden immer mehr Daten über uns erfasst, gespeichert und verarbeitet. Die Erfassung und Speicherung biometrischer Daten im größeren Stil ist etwa 25 Jahre alt – also auch nicht gerade neu.

Aber die Ankündigung der Europäischen Kommission im Sommer 2021, eine grenzüberschreitende digitale europäische Identität – EUid – ins Leben zu rufen, hat klargemacht: Die Vielzahl der über Jahrzehnte anhaltenden Entwicklungen kommt zu etwas völlig Neuem zusammen, schafft eine neue Qualität. Eine digitale Identität ist letztendlich doch mehr als „nur“ ein paar über uns gespeicherte Daten. Es handelt sich eine neue Dimension.

Die Ankündigung der Europäischen Union, eine eigene digitale Identität für EU-Bürger zu schaffen, verdeutlicht, wie gewaltig der Schritt zur digitalen Identität in Wahrheit ist.

Biometrie: Brücke zum Zwilling

Die Erschaffung einer digitalen Identität und die digitale Erfassung der biometrischen Daten eines Menschen aus Fleisch und Blut hängen unmittelbar zusammen. Die biometrischen Daten – also beispielsweise die Fingerabdrücke oder die automatische Gesichtserkennung – bilden im Grunde die Brücke zwischen dem wahren Menschen und seinem Computer-Zwilling.

Wer früher seine Fingerabdrücke abgeben musste, wurde eines Verbrechens verdächtigt. Heute geben Millionen von Menschen tagtäglich ihre digitalen Fingerabdrücke ab, um ihr Smartphone zu entsperren. Die meisten von ihnen sind keine Verbrecher, die wenigsten werden eines Verbrechens verdächtigt. Doch es ist längst nicht bei den Fingerabdrücken geblieben.

Wer heute einen Personalausweis oder Reisepass beantragt, muss sich gefallen lassen, dass sein Gesicht in ein sogenanntes biometrisches Foto gepresst wird. Das hat gravierende Auswirkungen: Das biometrische Porträt kann ebenso wie der digitale Fingerabdruck von Computern automatisch gelesen werden. Die automatische Gesichtserkennung auf Ausweisen, beim Entsperren von Smartphones, in sozialen Netzwerken und nicht zuletzt im öffentlichen Raum macht uns alle gläsern.

Die biometrische Erfassung der Menschheit ist in vollem Gange. Unsere Fingerabdrücke, unser Gesicht, unsere Iris, unsere Vitalwerte von der Herzfrequenz bis zur Venenstruktur, unsere Mimik, unsere Gestik, unsere individuelle Art und Weise zu laufen… alles, alles wird erfasst, digitalisiert, gespeichert, analysiert und je nach Umständen für oder gegen uns verwendet.

Wenn wir eine PIN vergessen, ein Passwort verlieren oder uns beides gestohlen wird, lassen wir sie einfach sperren und besorgen uns neue. Aber woher bekommen wir neue Fingerkuppen oder ein neues Gesicht?

Unsere biometrische Erfassung und Erschaffung digitaler Zwillinge führt zu einer völlig neuen Dimension der Abhängigkeit, die den meisten von uns gar nicht bewusst ist. Unsere unveränderlichen Körpermerkmale werden genutzt, um in den Datensilos eine Schattenidentität für jeden von uns anzulegen. Was kaum bedacht wird: Diese digitalen Identitäten lassen sich ebenso wie PINs oder Passworte stehlen, manipulieren und missbrauchen. Doch wir können unsere Fingerabdrücke, unser Gesicht, unsere Mimik, unsere Gestik, die Art und Weise, in der wir uns bewegen, nicht verändern. Es sind unsere ureigenen körperlichen Charakteristika.

Umkehrung der Beweislast

Die Digitalisierung und die damit verbundene Computer-Hörigkeit führen in der Praxis zu einer fatalen Umkehr der Beweislast. Wenn ein Smartphone nur per Fingerabdruck oder Gesichtserkennung zu entsperren ist, so geht der Staat – oder auch ein Unternehmen – fest davon aus, dass das jeweilige Gerät tatsächlich nur vom jeweiligen Finger bzw. Gesicht – also von der entsprechenden Person – genutzt wurde. Es ist indes für den einzelnen schwer bis unmöglich zu beweisen, dass es nicht der eigene Finger oder nicht das eigene Gesicht waren. Identitätsdiebstahl wird in einer immer stärker kontrollierten Welt um sich greifen – mit fatalen Folgen für denjenigen, der seine digitale Identität verloren hat bzw. dessen Identität dupliziert wurde.

Perfektion wird vorgegaukelt

Die biometrische Identifikation gaukelt eine Perfektion in der Unterscheidung von Personen vor, der sie faktisch nicht gerecht wird. Als die USA 2007 bei der Einreise von der Prüfung von zwei auf alle zehn Finger umstellten, lieferte die Homeland Security eine bemerkenswerte Begründung: Bei nur zwei Fingern sei es gelegentlich zu Personenverwechslungen gekommen und die Betroffenen hätten sich bei der Einreise stundenlangen Verhören unterziehen müssen, um ihre wahre Identität zu beweisen. Durch die Erfassung aller zehn Finger sei die Verwechslungsrate ungleich geringer.[111]

Ebenso arbeitet die Gesichtserkennung keineswegs fehlerfrei, wie jedermann anhand der regelmäßigen Verwechslungen auf Facebook leicht feststellen kann. Berichten zufolge hat Apple in mehreren Fällen iPhone X-Modelle zurückgenommen, weil die Funktion Face-ID die Gesichter unterschiedlicher Personen nicht unterscheiden konnte. Vor allem bei asiatischen Gesichtern scheint die Identifikation mittels Gesichtserkennung gelegentlich schief zu gehen. Einen eigenen Problemkreis stellen nahestehende Verwandte wie eineiige Zwillinge mit sehr ähnlichen biometrischen Merkmalen dar. Es ist vielleicht kein Problem oder sogar lustig, wenn gelegentlich in einem sozialen Netzwerk ein falsches Foto angezeigt wird. Aber der Spaß hört auf, wenn die fehlerhafte Erkennung Einfluss auf das Social Scoring und somit Auswirkungen auf die Lebensqualität mit sich zieht.

Social Scoring als Lösung?

Ein Thema, das in der Pandemie seit 2020 häufig die Runde machte, war die Frage, ob es nicht ausreichend sei, besonders gefährdete Gruppen wie etwa ältere Mitbürger zu ihrem Schutz zu isolieren oder ausschließlich diese Gruppen mit einem Kontaktverbot zu belegen. Wenn man diesen Gedanken weiterspielt, könnte sich folgendes Szenario ergeben: Wir belegen Risikogruppen mit einem Hausarrest, nennen wir es besser mit häuslicher Quarantäne, die entweder besonders gefährdet sind oder – und jetzt kommt's – die sich unvernünftig verhalten, sich beispielsweise nicht an Reise- oder Versammlungsverbote halten. Mittels digitaler Ortung und Kontaktverfolgung, erforderlichenfalls Videoüberwachung und automatischer Gesichtserkennung auf den Straßen und Plätzen lässt sich diese Zielgruppe einigermaßen leicht identifizieren.

Gehen wir noch einen Schritt weiter und blicken nach China, dem Vorreiter in Sachen staatlicher Überwachung im schlechtesten Sinne. Seit 2020 gibt es dort ein sogenanntes Social Scoring, ein umfassendes digitales System zur Bewertung des Verhaltens.

Dabei wird jede digitale Verhaltensweise – Suchanfragen, Online-Lesen, Einkäufe, Reisen, Bemerkungen in sozialen Netzwerken und vieles mehr – analysiert und in einem Punktesystem bewertet. Je staatstreuer sich der Bürger verhält, desto höher wird sein Punktestand. Die Sozialpunkte haben in China zunehmend unmittelbare Auswirkungen auf das Leben jedes einzelnen: Je höher der Punktestand, desto größer die berufliche Karriere und desto erfüllter das Privatleben. In Abhängigkeit von den Punkten erhält man einen Arbeitsplatz, einen Platz in der Bahn oder im Flugzeug, kann einen Führerschein erhalten oder wird sogar auf Online-Partnerbörsen bevorzugt. In das Social Scoring fließen nicht nur die Angaben ein, die man selbst vornimmt, beispielsweise in sozialen Netzwerken. Vielmehr geht der chinesische Plan von einer lückenlosen Videoüberwachung der Bevölkerung mit umfassender Personenerfassung etwa durch Gesichtserkennung und einer automatischen Verhaltensanalyse und Bewertung mittels Künstlicher Intelligenz aus.

Derzeit ist schwer vorstellbar, dass ein solches staatliches System in Deutschland eingeführt wird. Aber ist es undenkbar? Wohl eher nicht. Letztlich strebt jeder Staat ein gesetzestreues und regelkonformes Verhalten seiner Bevölkerung an. Eine Pandemie, bei der das Wohl der Gesamtbevölkerung entscheidend davon abhängt, dass sich jeder Einzelne vernünftig verhält, stellte die ideale Grundlage für ein solches System dar. 2020/21 haben wir nur erste Schritte erlebt, von Social Scoring konnte keine Rede sein.

Mehr Sicherheit statt Überwachungsstaat

Viele dieser Entwicklungen scheinen aus deutscher Sicht noch in ferner Zukunft zu liegen oder vielleicht niemals in den hiesigen Alltag einzuziehen. Der Begriff „Überwachungsstaat" löst hierzulande Ängste aus, die ihn kaum als politische Parole opportun erscheinen lassen. Aber die Umformulierung „mehr Sicherheit für die Bevölkerung" klingt schon viel populärer und politisch durchsetzbarer. Natürlich ist die Kombination aus lückenloser Überwachung und automatischer Auswertung tendenziell geeignet, Verbrechen vorzubeugen und Straftäter schneller zu fassen – aber um welchen Preis? Keineswegs lässt sich jedoch ausschließen, dass auch hierzulande eine politische Propaganda, die Unsicherheit erzeugt und gleichzeitig eine Videokontrolle als Sicherheitsmaßnahme anpreist, auf Dauer Erfolg haben wird. Ein „starker Staat, der seine Bürger schützt" übt sicherlich auf viele Menschen eine erhebliche Anziehungskraft aus und genau darauf – auf diese Wahrnehmung innerhalb der Bevölkerung – dürften die Behörden abzielen, um unserer Daten habhaft zu werden. Man mag sich erinnern: Zur Bekämpfung der Coronavirus-Pandemie hatte die Regierung 2020/21 zeitweise Lockdowns oder Shutdowns angeordnet, also das weitgehende Herunterfahren beinahe allen öffentlichen Lebens. Geschäfte und Gaststätten waren geschlossen, alle Veranstaltungen abgesagt und es gab Beschränkungen, mit wem und mit wie vielen Menschen man sich treffen darf, teilweise durfte man die eigenen vier Wände nur aus triftigem Grund verlassen.

Viel „stärker“ kann ein Staat kaum auftreten – und die Zustimmungsrate aus der Bevölkerung zu diesen Maßnahmen lag hoch, zeitweise über 90 Prozent, immer weit über 60 Prozent. Die Jahre 2020/21 haben also bewiesen, dass die Menschen einen starken Staat wünschen, solange sie das Gefühl haben, diese Stärke hilft ihnen bei der Abwehr einer Gefahr.[112] Die Erschaffung digitaler Identitäten unter staatlicher Kontrolle passt nahtlos in dieses Schema. Daher ist es zu verstehen, wenn Teile der Bevölkerung dem Konzept einer digitalen Identität skeptisch gegenüber stehen. Die rationalen Gründe dafür – von erhöhter Sicherheit bis hin zu mehr Bequemlichkeit – mögen verlockend sein, aber die Auswirkungen zu Ende gedacht erscheinen vielen eher wie eine Horrorvision der allgegenwärtigen staatlichen Überwachung.

Der Fall Jeanne Pouchin

Welche fatalen Auswirkungen der Verlust der digitalen Identität haben kann, zeigte in erschreckendem Ausmaß der Fall Jeanne Pouchin. Die Französin war 2016 von einem Gericht für tot erklärt worden. Wie kann das sein? Nun, es war das Ende einer längeren gerichtlichen Auseinandersetzung.[113]

Im Herbst 2000 verlor Jeanne Pouchins Reinigungsfirma, die sie über 20 Jahre besessen hatte, einen Großauftrag. Infolgedessen sah sie sich gezwungen, sich von einer Mitarbeiterin zu trennen. Diese klagte vor dem Arbeitsgericht, es kam zum Prozess. Im Herbst 2004 verurteilte das Gericht Pouchains Firma zur Zahlung von 14.000 Euro, doch das Urteil wurde wegen eines

Formfehlers nicht rechtskräftig. Fünf Jahre später zog die Mitarbeiterin nochmals vor Gericht – wiederum erfolglos, der Prozess wurde eingestellt. Da wandte der Anwalt der Mitarbeiterin einen fiesen Trick an: Er behauptete vor Gericht, Jeanne Pouchin sei verstorben, um das Geld von ihren Nachfahren, dem Ehemann und dem Sohn, einzustreichen. Der anwaltliche Coup gelang insofern, als Jeanne Pouchin dadurch tatsächlich von Amts wegen für tot erklärt wurde.

Ihre Carte d'Identité, das französische Pendant zum Personalausweis, ihr Reisepass und ihr Führerschein wurden für ungültig erklärt. Sie kann sich auf keinen Arbeitsplatz bewerben, weil sie keine amtlich nachweisbare Adresse hat. Ihr Name wurde von der Stromrechnung, die in Frankreich für alle bürokratischen Vorgänge benötigt wird, gestrichen. Während des Corona-Lockdowns war sie praktisch ans Haus gefesselt, da man ein Bußgeld auferlegt bekam, wenn man sich draußen nicht amtlich ausweisen konnte. Ihre Schilddrüsen- und Diabetesmedikamente muss sie selbst bezahlen, weil sie als vermeintlich Tote konsequenterweise auch ihre Krankenversicherung verloren hat. Toter als tot geht nun einmal nicht.

Der Versuch, sich einfach vom Hausarzt bestätigen zu lassen, dass sie lebendig ist, führte ins Leere, weil es schlichtweg keinen bürokratischen Prozess gibt, um amtlich Tote wieder zum Leben zu erwecken. Mehrere Gerichte, einschließlich der Cour de Cassation, der allerhöchsten Instanz im französischen Justizsystem, haben den Fall untersucht und „Unregelmäßigkeiten" eingeräumt. Aber das Gericht erklärte sich für nicht zuständig, um Jeanne Pouchain von den Toten auferstehen zu lassen. Zwischenzeitlich war sogar Justizminister Éric Dupond-Moretti, zugleich Mitglied der französischen Anwaltskammer, damit befasst, Pouchain auch amtlich wieder ins Leben zu rufen.

Es handelt sich dabei sicherlich um einen Einzelfall, hervorgerufen durch einen skrupellosen Anwalt und einen fahrlässigen Richter. Es war kein Computerfehler, keine Smartphone-Finte, kein Hackerangriff, kein Identitätsdiebstahl, nichts davon – und dennoch zeigt der kurios-tragische Fall exemplarisch, was passieren kann, wenn die digitale Identität im Amtscomputer und die wahre Identität getrennte Wege gehen.

Unser Smartphone verbreitet Lügen

Cyberkriminelle versuchen nicht nur in unsere Computersysteme und Smartphones einzudringen, sondern auch in unsere Gehirne, indem sie unser Denken zu beeinflussen versuchen. Die sozialen Medien stellen hierfür die ideale Plattform dar – und die Tatsache, dass wir durch unser Smartphone einem fortwährenden Informationsfluss aus den sozialen Medien ausgesetzt sind, sorgt dafür, dass die Gehirnbeeinflussung permanent geschieht. Nun mag man an den sogenannten „Mainstream-Medien“ viel Kritik üben, aber daraus die Schlussfolgerung zu ziehen, dass die sozialen Medien seriöser und zuverlässiger über das Weltgeschehen berichten, ist zweifelsohne ein Irrglaube.

Die Coronavirus-Krise erwies sich als ein klares Indiz dafür, dass die „Mainstream-Medien“ deutlich besser sind als ihr Ruf. Man kann die politischen Entscheidungsträger und die Medien, die über sie und ihre Entscheidungen berichtet haben, sicher in unzähligen Details kritisieren. Das ändert jedoch nichts daran, dass diese politischen Entscheidungen und deren Vermittlung durch die klassischen Medien im Großen und Ganzen maßgeblich zur Eindämmung beigetragen haben. Mindestens 1,5 Meter Abstand halten, gründlich Händewaschen und Verständnis für den Lockdown, also die Schließung beinahe aller Geschäfte und Gaststätten sowie Absage aller Veranstaltungen – das war immer und immer wieder auf allen klassischen Kanälen zu lesen, zu hören und zu sehen. Und über 90 Prozent der Menschen in Deutschland haben es verstanden und akzeptiert.[114]

Die Mainstream-Medien haben funktioniert und wohl letztlich vielen Menschen das Leben gerettet, um es etwas drastisch zuzuspitzen.

Alternative Wahrheiten

Anders die alternativen Medien, die sogenannten sozialen Medien. Auf Facebook & Co tummelten sich die Besserwisser, selbsternannten Experten, sogenannten Publizisten und Verschwörungstheoretiker jedweder Couleur. Mit Bezug auf vermeintlich seriöse Quellen verbreiteten sie ihre feste Überzeugung, dass Corona gar nicht so schlimm sei, wohl aber die Maßnahmen zur Bekämpfung der Seuche. Zitiert wurden dabei ehemalige Lungenärzte, emeritierte Professoren der Mikrobiologie, Klinikdirektoren und Virologen. Natürlich findet man immer irgendeinen aus dieser Gruppe, der gerne interviewt werden möchte, sich im Glanz der erhöhten Aufmerksamkeit sonnen will oder einfach nur tatsächlich eine andere Meinung vertritt. Gleichgültig, ob es die „fünf Fragen“ von Prof. Sucharit Bhakdi an die Bundeskanzlerin waren oder aber die Stanford-Koryphae John Ioannidis, der im *Fokus* über Maßnahmen „ohne zuverlässige Datenbasis“ klagte. Zum Glück hatte die damalige Bundeskanzlerin weder Zeit auf die Beantwortung der fünf Fragen verwendet noch abgewartet, bis eine vollständige Datenbasis vorlag, sondern angesichts der Gefahr nach anfänglichem Zögern zügig und durchschlagend gehandelt. Andere selbsternannte Aufklärungsseiten erklärten die Coronakrise wahlweise als eine Ausgeburt des Faschismus, eine Verschwörung der Eliten oder schlichtweg als Hysterie. Als Treiber des Bösen mussten je nach „Quelle" Xi Jinping, Putin oder Bill Gates herhalten, letzterer, weil er seit dem Ebola-Ausbruch 2014 immer und immer wieder vor einer Pandemie gewarnt hatte.[115]

Man mag dieses Sammelsurium als „Spinnereien" abtun, aber spätestens in der Pandemie wurde klar, dass das Gedankengut etlicher vermeintlicher Verschwörungen weit in die demokratische Mitte der Bevölkerung hineinreicht. Dabei erwiesen sich die sozialen Medien als ein scheinbar unaufhaltsamer Fake-Multiplikator. Mal wurden vorgeblich wirksame Heilmittel propagiert, ein andermal vor angeblichen Impfgefahren durch die Implementierung von Chips gewarnt. Keine noch so absurde These war in der Krise abstrus genug, um nicht ihre Anhänger zu finden.

Sternstunde der Storyteller

Es war die Sternstunde der Storyteller, frei nach dem Motto „Eine glaubwürdige Geschichte ist tausendmal besser als alle Fakten". Eine lebendige Geschichte gewinnt die Aufmerksamkeit viel leichter als eine logisch-sachliche Faktendarlegung, unabhängig davon, ob sie wahr oder frei erfunden ist. Das gilt heute, in der Zeit der Informationsüberflutung, mehr als je zuvor. Vor allem, wenn es ein Narrativ ist, also eine sinnstiftende Erzählung, bei der es um Emotionen und Werte geht. Der Erfolg einer

Story hängt nämlich nicht von der faktenbasierten Stichhaltigkeit ab, sondern von der Vermittelbarkeit des zugrundeliegenden Narrativs. Dabei ist es für den Erfolg völlig unerheblich, ob das Narrativ nur *ge*funden oder *er*funden ist.

Einige Leser mögen sich an Platos berühmten Kampf gegen die Sophisten erinnert fühlen. Er warf ihnen vor, ihre Kunst bestehe darin, „den Verstand mit Argumenten zu bezaubern“, die nicht der Wahrheit dienten, sondern darauf abzielten, Meinungen zu erzeugen. Solange diese plausibel erscheinen, „liegt ihnen die Kraft der Überzeugung inne“. Es ist der Sieg der Argumente auf Kosten der Wahrheit.

Besonders wirksam sind monokausale Narrative auf Grundlage von Daten. Dabei werden beliebige mit einer Studie oder einer Umfrage vermeintlich belegbare Daten als unumstößliche Wahrheit verstanden und darauf aufbauend wird eine einzige in sich geschlossene und logisch erscheinende Kausalkette als Argument präsentiert.[116] Dieses Vorgehen der „datengestützten Wahrheiten“ ist schon lange zu beobachten, spätestens seit der Flüchtlingskrise 2015 ist es nicht nur in den sozialen Medien in vielfältiger Weise zu finden. Das besonders Fatale dabei: Wer solche „Wahrheiten“, die auf „unverrückbaren Daten“ zu fußen scheinen, übernimmt, wird zu einer Art gläubigen Kämpfers für diese „Wahrheit“. Er glaubt, die absolute Wahrheit zu kennen, besitzt die totale Gewissheit, im Recht zu sein. Aus dieser „absoluten Gewissheit“ resultiert auch die Vehemenz, mit der unterschiedliche Argumente aufeinander prallen. In der Pandemie hat schon die Aussage eines einzigen Lungenarztes, Virologen oder Pathologen genügt, um daraus ein Narrativ zu spinnen oder zu verstärken. Beispielhaft hierfür stand der Hamburger Rechtsmediziner Klaus Püschel mit der Aussage „Bisher ist keiner ohne Vorerkrankung an dem Virus gestorben", bei der er sich auf eigene Obduktionen Corona-Verstorbener berief.[117] Das mag gestimmt haben, aber die Schlussfolgerung, deshalb sei das Virus für alle Menschen ohne Vorerkrankung harmlos, stand von Anfang an auf tönernen Füßen. Dennoch wurde die daraus zugespitzte Aussage „Angst ist überflüssig" als unwiderlegbarer Beweis für die Ungefährlichkeit des Virus millionenfach verbreitet.[118]

Gestützt auf solche und ähnliche Pseudo-Tatsachen trat in der Pandemie eine ganze Reihe von mehr oder minder Prominenten auf, die sich als unerbittliche Kämpfer für Recht und Freiheit inszenierten. Beispielhaft hierfür stand der vegane Profikoch Attila Hildmann, der verkündete, dass die Regierung „ab sofort ein Problem" habe, denn er kenne „kein Erbarmen bei Unrecht" und befinde sich im Kampf für „die Freiheit unseres Vaterlandes". In seinem selbstinszenierten Krieg kämpfte er gegen mächtige Feinde. Der Gesundheitsminister plane eine Diktatur. Die Kanzlerin habe Hochverrat begangen. Der Chef des Robert-Koch-Instituts sei ein Freimaurer und Bill Gates ein Satanist. Man hätte das als „Spinnerei" abtun können, aber der Koch fand ebenso wie viele Gleichgesinnte, darunter der Sänger Xavier Naidoo, der Rapper Sido oder der ehemalige RBB-Radiomoderator Ken Jebsen, mit ihren kruden Thesen ein Millionenpublikum.[119] Es ist zu erwarten, dass sich auch in den kommenden Jahren immer neue „Promis“ finden, die eigene Thesen jenseits der Wahrheit überzeugt und überzeugend verkünden werden. Diese Phänomene gehören ebenso zum „Spion im Smartphone“ wie ein „simpler“ Datendiebstahl, denn es geht nicht nur darum, uns auszuhorchen und zu überwachen, sondern noch schlimmer darum, uns zu manipulieren.

Dunning-Kruger und Social Bots

Die Experten nennen dieses Phänomen den Dunning-Kruger-Effekt.[120] Man versteht darunter die systematische fehlerhafte Neigung im Selbstverständnis inkompetenter Menschen, das eigene Wissen und Können zu überschätzen. Vereinfacht gesagt haben die beiden Wissenschaftler David Dunning und Justin Kruger 1999 folgende These, die viele Menschen intuitiv schon immer ahnten, belegt: Je weniger man weiß, desto größer ist die Überzeugung, dass man Recht hat. „Wenn jemand inkompetent ist, dann kann er nicht wissen, dass er inkompetent ist. Die Fähigkeiten, die man braucht, um eine richtige Lösung zu finden, sind genau jene Fähigkeiten, die man braucht, um eine Lösung als richtig zu erkennen“, fasste David Dunning die Erkenntnis zusammen.[121] Der Dunning-Kruger-Effekt war übrigens keineswegs nur in der Pandemie seit 2020 zu verzeichnen. Er war ebenso beispielsweise in der Flüchtlingskrise seit 2015 und der Umweltdebatte seit 2018 zu beobachten.

In allen Fällen spielten Social Bots eine Schlüsselrolle bei der Verbreitung von Fake News. Dabei handelt es sich um kleine Softwareprogramme, die sich in den sozialen Medien wie Facebook, Twitter, LinkedIn oder Xing zuhauf tummeln. Sie sammeln Informationen, verstärken Meinungen, setzen eigene Themen und treiben Thesen voran. Dabei „handeln" sie stets im Sinne eines Auftraggebers, etwa einer politischen Partei, einer Regierung oder eines Landes. Obgleich es sich um Programme handelt, sind sie von echten Menschen kaum zu unterscheiden. Sie verbreiten Falschmeldungen, betreiben tendenziöse Berichterstattung und beeinflussen die Meinung aller anderen, die sich der sozialen Medien für ihre eigene Meinungsbildung bedienen. In den USA kamen in der Krise 2020 auf dem Kurznachrichtendienst Twitter rund die Hälfte aller Forderungen nach Öffnung der Wirtschaft und Lockerung der Restriktionen, die die Virusausbreitung verhindern sollten, von Social Bots.[122] Wie sagte schon der Philosoph Epikur im antiken Griechenland: „Entscheidend sind nicht die Fakten. Auch nicht die Meinungen über die Fakten. Sondern die Meinungen über die Meinungen." Das mag damals schon richtig gewesen sein aber erst durch das globale Netz der sozialen Medien und die Heerscharen automatisierter Meinungsfälscher wie die Social Bots potenziert sich diese Entwicklung in eine Dimension bisher unbekannten Ausmaßes.

Bots können übrigens mehr als „nur" Meinungen machen. Als Sony Ende 2020 seine neue Spielekonsole Playstation 5 herausbrachte und die Nachfrage das Angebot bei weitem überstieg, kauften „Shopping Bots" die vielgefragten Geräte haufenweise auf und verkauften sie sogleich zu stark überhöhten Preisen weiter über Online-Marktplätze. Diese Methode wird in Fachkreisen „Scalping“ genannt.[123] Ist das cleveres Geschäftsgebaren oder eine Straftat? Solange keine Wucherpreise verlangt wurden, war das Vorgehen zwar unschön, aber wohl nicht illegal. Doch es zeigte das enorme Potential von Bots, „intelligenten“ Computerprogrammen mit Automatikfunktionen, die Meinungen manipulieren, fremde Computernetze durchdringen und eben auch als Ein- und Verkäufer die Kasse klingeln lassen können. Doch es kommt noch schlimmer.

„Mit eigenen Augen gesehen“

„Ich habe es mit eigenen Augen gesehen“ gilt als Inbegriff dafür, dass man sich persönlich von der Wahrheit einer Sache überzeugt hat. Im Zeitalter von Deepfaking wird genau dieser Wahrheitsbeweis ad absurdum gefügt. Durch die sogenannte Deepfake-Technologie lassen sich Videos erzeugen, in denen Personen Dinge sagen, die sie in Wirklichkeit niemals von sich gegeben haben – entweder werden ihnen die Sätze in den Mund gelegt oder es gibt diese Personen erst gar nicht. Ganze Handlungen können vollständig am Computer generiert werden. Dass Fotografien manipulierbar sind, wissen wir schon lange. Doch erst mit Hilfe von Künstlicher Intelligenz (KI) wird es möglich, Videos derart täuschend zu manipulieren, dass die Fälschungen nicht auffallen. Die Technologie dahinter heißt Generative Adversarial Networks (GANs), wurde 2014 an der University of Montreal entwickelt und funktioniert, indem man zwei KI-Netzwerke gegeneinander antreten lässt. Die erste KI erzeugt aus einem realen Filmmaterial fortlaufend neue Videosequenzen, die zweite KI hat zu unterscheiden, welche davon real sind, also dem Ausgangsmaterial entstammen, und welche synthetisch erzeugt wurden. Beide KI-Instanzen arbeiten mit sogenannten neuronalen Netzwerken, also mit selbstlernenden Computern. Vereinfacht gesagt lernen beide KI-Netze ständig hinzu: das erste, wie es Videos erzeugt, die nicht als Fälschung zu erkennen sind und das zweite, wie man Fälschungen erkennt. Binnen kürzester Zeit sind beide so perfekt, dass die generierten Fakevideos nicht mehr als Fälschungen zu erkennen sind, nicht von Computern und erst recht nicht von Menschen.

Deepfakes gibt es seit Ende 2017. Einige der Deepfake-Videos haben für großes Aufsehen gesorgt; etwa US-Präsident Barack Obama, der seinen Nachfolger auf das Übelste beschimpft oder Facebook-CEO Mark Zuckerberg, der zugibt, dass das Ziel seines Netzwerkes darin besteht, die Nutzer zu manipulieren und auszubeuten.[124] In die 2020er Jahre ist die Welt mit mehr als 15.000 Deepfake-Videos gegangen. Es dürfte der Beginn einer Welle an computergefälschten Videos sein, die auf uns zurollt. An Gefährlichkeit ist diese Welle kaum zu überschätzen: Mit Videos, die anscheinend etwas Unglaubliches „beweisen“, lassen sich demokratische Wahlen manipulieren, Volksgruppen gegeneinander aufhetzen, Bürgerkriege anzetteln, Regierungen hinwegfegen und Staaten erobern. So erschien mitten in der Pandemie 2020 ein Video des belgischen Premierministers, in dem er den

Coronavirus-Ausbruch direkt auf Umweltschäden zurückführte und zu drastischen Maßnahmen gegen den Klimawandel aufrief. Das Video schien glaubhaft genug, um wahr zu sein, war tatsächlich jedoch ein Deepfake.[125] Übrigens kann allein die Tatsache, dass Deepfakes immer gängiger werden, politisch genutzt werden, indem ein echtes Video vom Gegner als Fälschung gebrandmarkt wird. Wer will schon entscheiden, was wahr und was falsch ist, wenn man sich auf seine eigenen Augen nicht mehr verlassen kann.

Es gab viele Versuche, der Verbreitung „alternativer Fakten“ entgegenzuwirken. Beispielhaft hierfür stand 2020 ein Aufruf von mehr als 100 Ärzten und im Gesundheitswesen Tätigen aus aller Welt, die in einem offenen Brief vor einer Lügen-Pandemie warnten. Die Unterzeichner des Briefes betonten, dass die „Flutwelle an falschen und irreführenden Inhalten“ über das Coronavirus „kein isolierter Ausbruch von Desinformation“ sei, sondern Teil „eines globalen Problems“. Die Briefschreiber appellierten an die Betreiber der sozialen Netzwerke, mehr Verantwortung bei der Bekämpfung von Fake News zu übernehmen. Zwar versuchten die Tech-Firmen zu reagieren, indem sie bestimmte Inhalte – wenn sie gemeldet wurden – löschten und der Weltgesundheitsorganisation ermöglichten, kostenlose Anzeigen zu schalten. Doch weiter hieß es in dem Brief: „Diese Anstrengungen sind aber bei weitem nicht genug“. Denn die Plattformen würden „sowohl die Verbreitung von Ideen erleichtern als auch davon profitieren“. Deshalb seien sie „in einer unvergleichlichen Machtposition“ und dafür verantwortlich, „der tödlichen

Verbreitung von Fehlinformationen entgegenzuwirken, um zu verhindern, dass soziale Medien unsere Gesellschaft kränker machen“.[126] Doch alle Versuche, dem Irrsinn an Unsinn Herr zu werden, muss man wohl als gescheitert betrachten. In einer Zeit, in der die Grenze zwischen Wahrheit und Lüge immer mehr verschwimmt, kann selbst der bestgemeinte Aufklärer kaum noch etwas ausrichten. Dieses Phänomen wird sich in den 2020er Jahren weiter verbreiten, bis selbst der Klügste und Kritischste Gefahr läuft, auf Falschnachrichten hereinzufallen, und sei es auf Deepfakes.

Angriff auf Europa

Für einen hypothetischen Angriff auf ein europäisches Land setzen Militärstrategen auf eine Kombination aus Präzisionsraketen, Cyberangriffen und sozialen Medien. Ziel wäre es, schlichtweg den Alltag der Bevölkerung durcheinander zu bringen. Wenn die Versorgung mit Strom, Wasser, Internet und Lebensmitteln unterbrochen wird, gilt jedes europäische Land als besiegt, ohne dass ein einziger Soldat einmarschieren muss. Werden über die sozialen Medien Angst und Panik geschürt, gilt die Kapitulation binnen zwei Wochen als sicher.[127]

Die Pandemie 2020/21 hat bewiesen, dass schon vergleichsweise einfache Einschränkungen im Alltag die Bevölkerung gegen die eigene Regierung aufbringen. Hoffentlich wird es nie zu einem solchen Angriff kommen, wobei wohl schon die Drohung damit reichen würde, die berechenbare Welt des Westens an den Rand des Abgrunds oder sogar noch weiter zu treiben.

Die Staaten greifen an

Die größten Cyberangriffe werden durch Hackergruppen im staatlichen Auftrag vorgenommen. Das Spektrum reicht von Industrie- bzw. Behördenspionage bis hin zur Manipulation von Daten. Parallel dazu bauen die großen Staaten immense Datensilos auf, die sie einerseits aus der eigenen Bevölkerung und andererseits aus den Datendiebstählen und der Cyberspionage in anderen Ländern füttern.

Der Spion im Chip

Wie tief die Unsicherheit sitzt, zeigten die als „Spectre“, „Meltdown“ und „Foreshadow“ bekannt gewordenen Sicherheitsprobleme.[128] In allen drei Fällen handelte es sich um gravierende Sicherheitslücken in den Mikroprozessoren (CPU) aller gängigen Chiphersteller wie Intel, AMD, ARM, Apple, IBM und Motorola, über die Angreifer die Kontrolle über die zentralen Chips eines Computers übernehmen können. Man kann getrost vom GAU, dem „größten anzunehmenden Unfall“, sprechen. Denn was mit Computer möglich ist, geht selbstverständlich auch mit Smartphones – beide Gerätekategorien werden von Mikroprozessoren als Herzstück angetrieben.

Am 1. Juni 2017 informierten jene Forscher, die diesen GAU entdeckten, die Hersteller. Am 3. Januar 2018 wurde die Sache öffentlich. Das Fatale daran war, dass es sich um grundlegende Fehler bei der Chipentwicklung handelte, die mindestens bis in das Jahr 1991 zurückreichten und mit jeder neuen Prozessorgeneration einfach übernommen worden waren.

Im Mai und Juli 2018 wurden weitere ähnliche CPU-Lücken aufgedeckt. Das heißt mit anderen Worten: Mit großer Wahrscheinlichkeit war jeder betroffen, der einen Computer, ein Smartphone oder ein Tablet benutzte. Erst seit 2019 hat Intel sogenannte Cascade-Lake-Prozessoren verfügbar gemacht, die den Spectre, Meltdown und Foreshadow zugrunde liegenden Entwicklungsfehler nicht mehr aufweisen. Für alle älteren Computermodelle empfahl das Computer Emergency Response Team (CERT) der Carnegie Mellon University – das bei Computerzwischenfällen regelmäßig mit dem US-Verteidigungs-ministerium und der Heimatschutzbehörde zusammenarbeitet – den Austausch der Prozessoren.

Man könnte es auch anders ausdrücken: Wer einen Computer, ein Smartphone oder ein Tablet verwendete, das vor 2019 hergestellt wurde, war gut beraten, das Gerät wegzuwerfen, weil es grundlegend unsicher war.

Es ist davon auszugehen, dass die bekannt gewordenen Sicherheitslücken und Datendiebstähle nur die Spitze des Eisbergs darstellten.

China greift mit Spionagechips die Welt an

Im Herbst 2018 kam eine Cyber-Spionagegeschichte ans Licht, die mehr an eine Kombination aus James Bond und Matrix erinnert, als real erscheint. Und doch ist sie wohl wahr. Als erstes berichtete der Finanzdienst Bloomberg in seinem Magazin *Business Week* unter dem Titel „The Big Hack“ über das chinesische Militär, dem es gelungen sei, Spionagechips, die nicht größer als ein Reiskorn sein sollen, auf Computerplatinen zu platzieren, die letztlich in den Rechenzentren von Apple, Amazon und rund 30 weiteren US-Unternehmen und öffentlichen Einrichtungen zum Einsatz kamen und möglichweise bis heute dort in Betrieb sind. Die Reiskornchips sollen laut Bericht in der Lage sein, über Fernwartungsfunktionen unbemerkt Kontakt zu chinesischen Servern aufzunehmen, um Informationen zu übermitteln. Die Bloomberg-Reporter nannten 17 allerdings anonyme Quellen für ihre Story.[129]

Dem Bloomberg-Bericht zufolge liefen schon seit 2015 geheime Ermittlungen des FBI und weiterer amerikanischer Geheimdienste im Zusammenhang mit den Spionagechips. Die Ermittler hätten herausgefunden, dass diese in Fabriken in China in die Elektronik der Server der Firma SuperMicro eingeschleust worden seien. SuperMicro wiederum stellte über Jahre hinweg einen Großteil der sogenannten Hauptplatinen her, die das Herzstück in den Computerservern zahlreicher US-Hersteller bilden. Diese Server stehen unter anderem in den Cloud-Rechenzentren der Firmen, in denen nicht etwa nur Daten von Apple oder Amazon gespeichert werden, sondern die Daten von vielen – sehr vielen – Unternehmen überall auf der Welt, die allesamt Cloud-Dienste nutzen. Demnach hätten beispielsweise deutsche Firmen, die ihre Daten in die US-amerikanischen Clouds auslagern, diese ebenso gut gleich direkt beim chinesischen Geheimdienst abliefern können. Die Platzierung von Spionagechips bei Apple, Amazon & Co kommt demnach einem Angriff auf die gesamte Welt gleich.

Die Anbieter der Cloud-Services dementierten energisch, sie hätten keine Beweise für die Behauptungen von Bloomberg gefunden. Apple teilte mit: „Im Laufe des vergangenen Jahres hat sich Bloomberg mehrfach mit uns in Verbindung gesetzt, mit teils vagen, teils ausführlichen Behauptungen über einen angeblichen Sicherheitsvorfall bei Apple. Jedes Mal haben wir gründliche interne Untersuchungen ... durchgeführt, und jedes Mal haben wir absolut keinerlei Beweis gefunden, der auch nur eine dieser Behauptungen belegt hätten“.[113] Ganz ähnlich ließ Amazon die aufgeschreckte Welt wissen: „Zu keinem Zeitpunkt, in der Vergangenheit oder aktuell, haben wir jemals Probleme im Zusammenhang mit modifizierter Hardware oder schädlichen Chips in SuperMicro-Motherboards gefunden“.[114] Michael G. Riley, Managing Editor bei Bloomberg, blieb allerdings dabei, dass die Geschichte wahr sei. Sicherheitsexperten gelangten in öffentlich zugänglichen Diskussionen zu der Einsicht, dass diese Art von Chipspionage auf jeden Fall denkbar ist.[115]

Doch nach dem Aufdecken des Satellitenspionagenetzes Echelon, das jahrelang im Geheimen lief sowie den Snowden-Enthüllungen scheint das Einschleusen von Spionagechips in moderne Computer, und letztlich sicherlich auch in Smartphones, durchaus glaubwürdig. Das Bundesamt für Sicherheit in der Informationstechnik (BSI) hielt das Angriffsszenario, mit Hilfe von Minichips Spionage durchzuführen, augenscheinlich ebenfalls für realistisch und teilte im Herbst 2018 mit: „Chips können heute in sehr kleinen Abmessungen produziert und nahezu unerkannt in vorhandene Schaltungen eingebracht oder in versteckten Funktionen direkt in den Schaltplänen berücksichtigt werden." Apple und Amazon wurden von amtlicher Seite um Stellungnahmen gebeten.[116]

Da ein Großteil der Elektronikproduktion von Computern über Tablets bis hin zu Smartphones in China stattfindet – so handelt es sich bei der von Bloomberg als Spionagequelle genannten Firma SuperMicro um einen der weltweit größten Zulieferer von Server-Hauptplatinen – bietet sich das Einschleusen eines Spionagechips während des Fertigungsprozesses geradezu an. China produziert laut eigenen Angaben 90 Prozent aller hergestellten Computer und rund 75 Prozent der weltweiten Smartphones und Mobiltelefone.

Aber wir dürfen wohl davon ausgehen, dass auch die NSA ihren Job professionell genug erledigt, um ebenfalls entweder derartige Spionagechips zu entwerfen oder sogar schon längst in den Geräten platziert zu haben. Die so genannte „Supply Chain", also die Lieferkette bei der Fertigung von Elektronikprodukten steht unter Verdacht, über Lücken den Geheimdiensten „Hintertüren“ in die Geräte zu verschaffen. Es versteht sich von selbst, dass derartige Aktionen der Geheimhaltung unterliegen. Das hat zur Folge, dass auch die Hersteller in diese Geheimhaltung mit einbezogen werden müssen und allein schon aus diesem Grund die Öffentlichkeit sicherlich nicht informieren dürfen. Für die Dementis von Apple und Amazon kann es also zwei Gründe geben: es gibt die Chips überhaupt nicht oder sie unterliegen der Geheimhaltung. Immerhin lässt sich aus dem Apple-Dementi ableiten, dass der Hersteller mindestens seit November 2017 von der Bloomberg-Recherche wusste und es dennoch vorzog, darüber zu schweigen.

Auffallend ist jedenfalls, dass Apple bereits Mitte 2016 die Zusammenarbeit mit SuperMicro nach einem nicht näher bekannten Sicherheitsvorfall beendete und auf andere Lieferanten umstellte.

Vor diesem Hintergrund bekommt natürlich auch der amerikanisch-chinesische Handelskonflikt eine neue Bedeutung, weil es dabei nicht nur um Wirtschaft, sondern auch um Sicherheit geht. US-Präsident Donald Trump bemühte sich bekanntlich, mehr High-Tech-Produktion aus Asien ins eigene Land zu ziehen; sein Amtsnachfolger Joe Biden hat diese Anstrengungen in höflicherem aber ebenso deutlichem Tonfall weiter fortgesetzt.

Geheimdienste warnen vor China-Smartphones

US-Geheimdienste warnen schon länger davor, Smartphones der chinesischen Hersteller Huawei und ZTE zu nutzen, weil diese unter dem Einfluss der chinesischen Regierung stünden.

So entdeckten Sicherheitsexperten 2021 eine Fehlprogrammierung in mehreren Signalprozessoren der Firma Mediatek, die in Millionen von Smartphones verbaut wurden. Durch einen Trick war es offenbar möglich, Gespräche abzuhören. Betroffen waren unter anderem Smartphones von Samsung, Google, LG und Xiaomi. Bereits ein Jahr zuvor waren mehr als 400 (!) Sicherheitslücken in Smartphone-Prozessoren des Chipanbieters Qualcomm entdeckt worden.[130] Die Beispiele verdeutlichen, dass Chips zu den tückischsten Einfallstoren in Smartphones und Computer gehören.

Ende 2021 erregte Qualcomm ohnehin die Gemüter der Datenschützer, als der Chiplieferant einen Smartphone-Prozessor auf den Markt brachte, der eine Always-on-Kamera unterstützte. Wenn die Frontkamera im Smartphone permanent angeschaltet ist, brächte dies diverse Sicherheitsvorteile mit sich, argumentierte Qualcomm. Beispielsweise kann das Display automatisch abgeschaltet werden, wenn einem jemand heimlich über die Schulter schaut. Zudem lasse sich die Gesichtserkennung beschleunigen.[131] Diese vorgeblichen Argumente waren an Dreistigkeit kaum zu überbieten. Wenn die Kamera im Smartphone niemals richtig abgeschaltet wird, sondern immer ein wachsames

Auge auf das Geschehen im Umfeld wirft, kann man wohl nicht von mehr sondern muss von weniger Datenschutz sprechen. Zusammen mit einem integrierten Mikrofon, das rund um die Uhr mithört, etwa um einen Sprachassistenten auf Zuruf anzuwerfen, entwickelt sich das Smartphone zu einer allumfänglichen Wanze, die sämtliche Situationen im Leben seines Besitzers aufnimmt und auswertet.

Darüber hinaus kam 2021 der Verdacht auf, zunächst beim Verteidigungsministerium in Litauen, dann beim deutschen Bundesamt für Sicherheit in der Informationstechnik (BSI), dass die Geräte diverser chinesischer Anbieter von Herstellerseite aus mit Zensursoftware ausgestattet sind. Durch einen Zensurfilter, der aus der Ferne ein- und auszuschalten ist, soll es möglich sein, bestimmte Inhalte zu verbergen. Ein deutscher Sicherheitsexperte formulierte: „Ich halte es für mehr als wahrscheinlich, dass es Möglichkeiten für chinesische Stellen gibt, direkt auf Smartphones aus nationaler Produktion zuzugreifen. Und ich habe keine Zweifel, dass China gewillt ist, mit technischen Mitteln Zensur auszuüben.“ Wenn die Konzerne, der chinesische Staat oder Hacker einen so tiefgreifenden Zugriff hätten, könnten sie nicht nur Kommunikation auslesen, noch bevor sie verschlüsselt werde, etwa bei E-Mails oder WhatsApp. „Man könnte sogar Daten hochladen und auf solche Weise etwa einen Dissidenten diskreditieren. Man könnte sein Smartphone so manipulieren, dass er wie der Spion eines anderen Staates erscheint.“[132] Ob Smartphones oder Chips – China kann sich gegen einen Generalverdacht in den westlichen Industrienationen kaum wehren.

Russland wird beschuldigt

Ungefähr mit dem Auffliegen der chinesischen Chipspionage im Oktober 2018 ging ein genereller Paradigmenwechsel beim Umgang mit staatlichen Hackern einher. Verhielten sich Regierungen lange Jahre diesbezüglich zurückhaltend, sich gegenseitig der Cyberspionage und Desinformation zu beschuldigen, so änderte sich dies mit den bekannt gewordenen Manipulationen des US-Wahlkampfs 2016 durch Russland, die der Geheimdienstausschuss des US-Senats 2018 bestätigt sah.[133]

Die russischen Hackergruppen „Snake", „Turla", „Uboruros" und „APT28" hatten 2017 und 2018 gezielt Spionagesoftware in das Datennetz der Bundesverwaltung (Informationsverbund Berlin-Bonn, IVBB) eingeschleust, die über Monate hinweg nicht aufgefallen war. An das IVBB sind das Bundeskanzleramt, die Bundesministerien, Sicherheitsbehörden, der Bundestag, der Bundesrat und der Bundesrechnungshof angeschlossen. Das IVBB ist von öffentlichen Netzen getrennt und soll eigentlich ein sehr hohes Maß an Sicherheit gewährleisten.[134]

Im Herbst 2018 wurde die deutsche Bundesregierung deutlich und beschuldigte den russischen Militärgeheimdienst GRU (Glawnoje Raswedywatelnoje Uprawlenije) offiziell, für einige der größten Cyberangriffe der vergangenen Jahre verantwortlich zu sein. Deutschland folgte damit entsprechenden Vorwürfen Großbritanniens und der Niederlande. Der deutsche Regierungssprecher Steffen Seibert erklärte in Berlin, die Bundesregierung habe „volles Vertrauen“ auch in die Einschätzung der britischen und niederländischen Behörden. Er sagte: „Auch die Bundesregierung geht mit an Sicherheit grenzender Wahrscheinlichkeit davon aus, dass hinter der Kampagne APT28 der russische Militärgeheimdienst GRU steckt.“[135]

Bei APT28 soll es sich um eine russische Hackergruppe handeln, die hinter den Cyberattacken auf den Deutschen Bundestag und das Datennetzwerk des Bundes 2015, 2017 und 2018 vermutet wird. Seibert sagte weiter: „Diese Einschätzung beruht auf einer insgesamt sehr guten eigenen Fakten- und Quellenlage. Wir verurteilen derartige Angriffe auf internationale Organisationen und auf Einrichtungen unserer Verbündeten auf das Schärfste. Und wir fordern Russland auf, seiner Verantwortung gerecht zu werden und derartige Handlungen zu unterlassen.“ Das hinderte Russland allerdings nicht daran, 2020 einen Generalangriff auf zahlreiche US-amerikanische Behörden durchzuführen, wobei sich letztlich nur vermuten ließ, dass Moskau dahinter steckte.

Kein Hack ohne Nordkorea

„Nordkorea trainiert Hacker wie Olympia-Sportler“, sagte 2020 der weltweit bekannte Hackerjäger Jonas Walker. Daher kann es wenig verwundern, dass einige der spektakulärsten Hackerangriffe auf Nordkorea zurückzuführen sind. Dazu gehört die berüchtigte Cyberattacke WannaCry, die an anderer Stelle in diesem Buch ausführlich beschrieben wird.

Die Hacker bekommen augenscheinlich zunächst ein Informatikstudium von Nordkorea spendiert und haben anschließend die Möglichkeit, Hacking-Trainingslager in China zu besuchen. Das macht übrigens auch ein Teil ihrer Motivation aus: Nordkoreaner können nämlich ihr Land nicht ohne Weiteres verlassen.[136] Auf diese Weise ist es dem nordkoreanischen Geheimdienst RGB gelungen, eine der mächtigsten Cyberarmeen der Welt aufzustellen.

Neben dem Angriff auf Unternehmen und Behörden anderer Staaten nutzt Nordkorea die Hacker offenbar, um Privatpersonen, Unternehmen, Zentralbanken, Kryptobörsen und das internationale Bankensystem Swift auf der ganzen Welt zu bestehlen. Der Geheimdienst RGB hat eigens hierzu die Cyberangriffsgruppe „Bluenoroff" ins Leben gerufen. Das Land hofft damit seine lauen Staatsfinanzen aufzubessern. Nordkorea nimmt dadurch Milliarden Dollar ein, die unter anderem zur Finanzierung der ehrgeizigen Raketenpläne des Landes beitragen.[137]

Einen anderen Fokus hat die nordkoreanische Hackergruppe „Andariel": Sie ist auf die Informationsbeschaffung spezialisiert. So soll es Andariel 2016 gelungen sein, den Computer des damaligen südkoreanischen Verteidigungsministers zu übernehmen und dadurch zahlreiche hochsensible Militärgeheimnisse über den verfeindeten Bruderstaat abzugreifen.[138] Eher nebenbei knackt Andariel zudem noch Bankautomaten auf der ganzen Welt – nicht, um Geld aus den Automaten zu holen, sondern um

Kredit- und sonstige Bankkartendaten zu erbeuten. Die Daten werden anschließend auf dem Schwarzmarkt verkauft.

Es war ein weiterer Hinweis darauf, dass sich Nordkorea an die Weltspitze der Cyberkriminalität herangearbeitet hat.

Israel: das Smartphone im Visier

China, Russland und Nordkorea gelten zu Recht als die gefährlichsten Hackernationen, also Staaten, die den Cyber War am besten beherrschen und auch längst mit Cyberwaffen aktiv sind. Beim Abhören sind die USA ganz vorne, wie wir seit den Snowden-Enthüllungen wissen, – und Israel. Wobei für das Abhören und Mitlesen von Nachrichten in Messagingdiensten naturgemäß Smartphones eine Schlüsselrolle spielen. Anfang der 2020er Jahre gab es in Israel soweit bekannt mehr als 300 auf Cybersecurity spezialisierte Unternehmen. Bei mindestens 15 dieser „Firmen" stand fest, dass sie auf der dunklen Seite werkeln: Sie programmieren Angriffssoftware und stellen sie Kriminellen und staatlichen Geheimdiensten auf der ganzen Welt zur Verfügung.

Yotam Gutman, Vermarktungschef des israelischen Sicherheitsunternehmens Sentinel One, sprach 2021 in einem Interview sehr offen über die führende Rolle Israels bei der Cyberspionage. Einige der Passagen werden im Folgenden wiedergegeben:[139]

„In unserer Konfliktregion mussten wir schlicht solche Instrumente entwickeln, um mit den Geheimdiensten die Oberhand zu gewinnen. Hinzu kommt unser gutes Bildungssystem, mit guten Universitäten, die Talente für die Branche hervorbringen. Und dann ist da noch die israelische Armee. In den Cybereinheiten lernen Soldaten in etwa vier Jahren Dinge, für die Menschen in anderen Ländern zehn Jahre brauchen.“

Über die wachsende Bedeutung von Smartphoneangriffen sagte Yotam Gutman 2021:

„Als Smartphones immer beliebter wurden, wurden Angriffe auf diese Geräte wirklich wertvoll. Vor etwa 15 Jahren, im Jahr 2007 kam das erste iPhone auf den Markt. Das erste richtige Smartphone. Und es gibt keinen Zweifel, dass ab diesem Moment alle Geheimdienste der Welt versuchten, in diese Smartphones einzudringen und ihre Inhalte auszulesen.“

Wie dünn die Grenze zwischen Abwehr und Angriff in der Cyberwelt ist, veranschaulichte der israelische Sicherheitsexperte anhand seiner Tätigkeit bei einem sogenannten Cyber Intelligence-Unternehmen, also einer Firma, die die Cyberverteidigung unterstützte:

„Wir arbeiteten dort an Informationsgewinnung. Im Dark Web und anderen Bereichen. Wir haben zum Beispiel für Banken gearbeitet, die wissen wollten, wer sie angreifen will. Damals wurden wir immer wieder von staatlichen Behörden aus dem Ausland kontaktiert. Die fragten: Können wir Eure Dienste nutzen?

Diese potenziellen Kunden sprachen nicht von Spionage. Sie nannten das Überwachung. Da ging es um eine bestimmte Bevölkerungsgruppe. Man wolle wissen, ob die Terroranschläge plane und so weiter. Da dachte ich: Okay, vielleicht ist diese Anfrage legitim. Aber was ist, wenn sie danach die Opposition aushorchen wollen? Oder Journalisten? Und ich merkte: Sobald Du diese Behörden mit den Fähigkeiten ausstattest, können sie sie gegen jeden einsetzen."

Es ist ein grundlegendes Dilemma der ganzen Sicherheitsbranche: Die Spionage- und sonstigen Hackerprogramme können zur Verhütung von Verbrechen genutzt werden – oder eben für das genaue Gegenteil.

Moralische Bedenken sind indes die Ausnahme. Israel ist einer der größten Exporteure von Software für den digitalen Lauschangriff. Besonders bekannt wurde die Firma NSO Group mit ihrem Hackerprogramm „Pegasus".[140] Die Software ließ sich unter Ausnutzung mehrerer Sicherheitslücken auf über 90 Prozent aller Smartphones per Funkübertragung unbemerkt aufspielen. Einmal im Smartphone installiert, wurde dieses gläsern für den Angreifer. Das Mikrofon einschalten, Nachrichten mitlesen, Fotos ansehen, Kontakte auslesen, Standortdaten ermitteln und sogar die Kamera auslösen – alles war unbemerkt möglich. Die NSO Group warb übrigens auf ihrer Homepage damit, dass ihre Produkte „die Welt besser und sicherer machen" – fragt sich nur, für wen? Autoritäre Regime setzten Pegasus Recherchen zufolge über Jahre hinweg ein, um unliebsame Kritiker, investigative

Journalisten, Anwälte und Aktivisten sowie ausländische Politiker und Diplomaten zu bespitzeln. Das war im Grunde zu erwarten gewesen.

Doch 2021 kam heraus, dass auch das deutsche Bundeskriminalamt BKA die Pegasus-Software von NSO gekauft hatte – wie es hieß, in einer abgespeckten Version mit leicht eingeschränktem Funktionsumfang. Die Bundesbehörde berief sich hierzu auf die seit 2017 erlaubte Quellen-Telekommunikationsüberwachung (Quellen-TKÜ) und Online-Durchsuchungen, nach denen es legal ist, unter bestimmten Voraussetzungen die Geräte von Verdächtigen und zum Teil deren Kommunikationspartnern zu hacken. In welchem Umfang das BKA die Pegasus-Software gegen Smartphones zum Einsatz brachte, unterliegt einer strengen Geheimhaltung. Alle diesbezüglichen Vorgänge wurden vom Bundesinnenministerium als „VS-Geheim" eingestuft. Auf eine Anfrage im Parlament dazu teilte die Bundesregierung 2021 mit: „Nach sorgfältiger Abwägung ist die Bundesregierung zu dem Ergebnis gekommen, dass auch das geringfügige Risiko ihrer Offenlegung nicht getragen werden kann und deshalb die Fragen hinsichtlich der Sicherheitsbehörden des Bundes mit polizeilichen und nachrichtendienstlichen Aufgaben auch nicht in eingestufter Form beantwortet werden können."[141] Mit anderen Worten: Nicht einmal die Abgeordneten des Deutschen Bundestages erhielten Informationen über den Einsatz der israelischen Smartphone-Spionagesoftware.

Google hat die Pegasus-Programmierung untersuchen lassen und den Entwicklern eine technische Meisterleistung auf höchstem Niveau bescheinigt. „Einer der technisch raffiniertesten Exploits, die wir je gesehen haben“, lautete die Bewertung der Experten.[142] Unter einem „Exploit“ versteht man eine Schadsoftware, die eine Sicherheitslücke in einem Programm oder einem Chip ausnutzt, um ihr eigenes schändliches Treiben durchführen zu können. Mit der Kommerzialisierung von Pegasus – also dem Anbieten der Spionagesoftware auf den freien Markt – war ein neuer unrühmlicher Höhepunkt der digitalen Bespitzelung erreicht, weil jeder, der über die nötigen Geldmittel verfügt, in den Besitz eines technisch ausgeklügelten Programmspions gelangen kann. Dieses hohe technische Niveau hatte man zuvor nur einer Handvoll hochspezialisierter staatlicher Hackerteams zugetraut.

Wie begründet dieser Verdacht ist, wurde 2020 klar, als sich herausstellte, dass Scheich Mohammed bin Raschid al-Maktum, Emir von Dubai und einer der reichsten Männer der Welt, das Smartphone seiner Ex-Frau überwachen ließ, mit der er über Jahre hinweg vor einem britischen Gericht eine Schlammschlacht führte. Seine Verflossene, Prinzessin Haja Bint al-Hussein war nach London geflogen, weil sie sich von ihrem ehemaligen Ehemann, der als Ministerpräsident der Vereinten Arabischen Emirate der mächtigste Mann des Landes war, „gejagt und verfolgt“ fühlte. Das britische Gericht kam 2020 zu dem Schluss, dass der Scheich mit der Pegasus-Software nicht nur das Smartphone der Prinzessin, sondern auch ihrer Anwälte hatte ausspionieren lassen.[143]

Im Frühjahr 2022, als längst klar war, dass die Smartphones mehrerer EU-Offizieller in Brüssel mit Pegasus ausspioniert worden waren, kam sogar der Verdacht auf, die Regierungen in Polen und Ungarn könnten den Auftrag dazu gegeben haben. Brüssel gilt ohnehin seit vielen Jahren als eine Hochburg der E-spionage, also der elektronischen Spionage. Die betroffenen EU-Offiziellen waren erst durch eine vorsorgliche Warnung von Apple auf die möglichen Angriffe auf ihre Smartphones aufmerksam gemacht worden.[144] Im US-Außenministerium wurden Ende 2021 ebenfalls bei mindestens neun Mitarbeitern Attacken mit Pegasus festgestellt. In diesem Fall stand die Regierung des afrikanischen Staates Uganda im Verdacht. Prompt setzte die US-Regierung die NSO Group zusammen mit anderen Herstellern von ähnlichen Smartphone-Programmen auf eine Sanktionsliste. Der Vorwurf: Es gebe Beweise, dass diese Unternehmen Spionagesoftware entwickelt und an ausländische Regierungen verkauft hätten, die gegen zahlreiche Personengruppen eingesetzt worden seien.[145]

Ende 2021 kündigte Apple rechtliche Schritte gegen die NSO Group ein wegen des Verkaufs von Spyware, die dem illegalen Knacken von iPhones dient, an.[146] Zudem verschickte der iKonzern zahlreiche E-Mails an seine Kunden mit der Nachricht „Achtung, staatlich finanzierte Hacker könnten es auf Ihr iPhone abgesehen haben.“[147] Kurz zuvor hatte NSO Klage gegen die israelische Zeitung Calcalist eingereicht; diese hatte berichtet, dass die israelische Polizei mit Pegasus jahrelang ohne richterliche Beschlüsse Regierungskritiker, Geschäftsleute, Kommunalpolitiker und einen der Söhne von Ex-Regierungschef Benjamin Netanyahu abgehört hatte.[148]

Hackernation Deutschland

Seit Sommer 2017 darf die Bundesrepublik Deutschland offiziell als Hacker aktiv werden. An diesem Tag trat das sogenannte Staatstrojaner-Gesetz in Kraft.[149] Seitdem dürfen Deutschlands Strafverfolger heimlich in Computer und Smartphones eindringen, um Überwachungsprogramme zu installieren. Die Software überwacht entweder die fortlaufende Kommunikation oder sie durchsucht das Zielgerät vollständig – oder sie erledigt gleich beide Aufgaben.[150]

Äußerst listig hatte die Bundesregierung das neue Überwachungsgesetz durch den Bundestag geschleust. Das Gesetz „zur effektiveren und praxistauglicheren Ausgestaltung des Strafverfahrens" umfasste auf den ersten Blick harmlose Maßnahmen, um Strafverfahren effizienter zu gestalten. So dürfen seitdem von Vernehmungen nicht nur Wort-, sondern auch Videoprotokolle angefertigt werden. Bei Vergehen, die nichts mit dem Straßenverkehr zu tun haben, darf dennoch der Führerschein entzogen werden. Doch kurz vor der Verabschiedung im Deutschen Bundestag wurde dem Gesetz zur Reform der Strafprozessordnung noch ein folgenschweres Papier zur Online-Überwachung hinzugefügt. Es umfasst eine lange Liste von Straftaten, bei denen seitdem staatliche Hacker Schadsoftware auf die Computer, Smartphones und Tablets der Verdächtigen aufspielen dürfen, um dadurch alle Daten mithören und mitlesen und vor allem kopieren zu dürfen.

Die Polizei, dein Freund und Hacker. Das Gesetz von 2017 widersprach unmittelbar einem Urteil des Bundesverfassungsgerichts vom 27. Februar 2008, das ein „Grundrecht auf Gewährleistung der Vertraulichkeit und Integrität informationstechnischer Systeme“ (IT-Grundrecht) definiert. Allerdings thematisiert das 2017er-Gesetz die vom Verfassungsgericht gesetzten Grenzen im Sinne einer vorwärtsgerichteten Abwehrstrategie. Es wird also schwer werden, gegen den über die bloße Telefonüberwachung („Großer Lauschangriff“) weit hinausgehenden „Megagroßen Lauschangriff“ verfassungsrechtlich vorzugehen.

Das Auslesen eines Smartphones geht weit über das Mithören von Telefonaten hinaus. Die meisten Menschen speichern heutzutage auf ihrem Smartphone mehr oder minder ihr gesamtes berufliches und privates Leben. Fotos, Kontakte, Emails, SMS, Standort- und Bewegungsdaten, Notizen, aufgerufene Webseiten – unser Smartphone verrät, wer wir sind, mit wem wir Umgang pflegen, wo wir uns aufhalten, was uns interessiert. Immerhin sieht der Gesetzestext vor, dass „soweit möglich“ keine Daten aus dem – laut Verfassungsgericht – geschützten Kernbereich des privaten Lebens erhoben werden. Sofern dies dennoch „aus Versehen“ passiert, sollen sie gelöscht oder einem Richter zur Beurteilung vorgelegt werden.

Nach echter Privatsphäre hört sich dieser Text nicht an. Dabei muss man sich klar machen, dass die Strafverfolger nicht nur Zugang zu intimsten Informationen eines Verdächtigen bekommen – was unter Umständen noch akzeptabel wäre im Sinne der Verbrechensbekämpfung –, sondern es wird auch das gesamte Umfeld, also alle Personen, mit denen derjenige in Kontakt steht, gleich mit einbezogen. Eingehende E-Mails und Nachrichten, ausgehende E-Mails und Nachrichten, alle weiteren Personen auf den Fotos, in den Notizen und Dokumenten genannten Personen – einfach alles.

Wer Smartphones ausspioniert, forscht die Gedankenwelt des Besitzers und seines Freundeskreises aus und kann damit Persönlichkeitsbilder erstellen, die umfangreicher und gläserner nicht sein können.

Ein weiteres Argument gegen staatliches Hacking ist ebenso gravierend. Um sich Zugang zu verschaffen, müssen die staatlichen Angreifer letztlich Sicherheitslücken in den Programmen der Softwarehersteller ausnutzen wie jeder verbrecherische Hacker es ebenfalls tut. Man würde indes eher erwarten, dass der Staat diese Lücken bei Bekanntwerden an die jeweiligen Softwarehersteller meldet, sodass die Anbieter sie schließen können und alle Nutzer der entsprechenden Programme geschützt sind. Der Staat entdeckt eine Sicherheitslücke und statt sie zum Wohle der Bevölkerung so rasch wie möglich einer Schließung zuzuführen, nutzt er sie selbst schamlos aus. Sollte es nicht umgekehrt sein? Sollte nicht der Staat verpflichtet werden, von seinen Behörden erkannte Sicherheitslücken unverzüglich an den Hersteller zu melden, damit sie zügig geschlossen werden können und somit die Bevölkerung vor Angriffen über diese Lücken geschützt sind? Einem Rechtsstaat stünde eine solche Vorgehensweise gut an. In Deutschland ist sie offenbar keine Option. Allein 2019 setzten die hiesigen Polizeibehörden den Staatstrojaner in 357 Fällen ein, um die Geräte von Verdächtigen zu hacken und deren laufende Kommunikation zu überwachen. Zwölf Mal kam 2019 die verschärfte Version zum Einsatz, die Onlinedurchsuchung nach Paragraf 100b Strafprozessordnung. Sie erlaubt auch die Auswertung von Daten, die auf dem gehackten Gerät gespeichert sind, also nicht Bestandteil einer laufenden Unterhaltung sind.

Neben dem Staatstrojaner dürfen die deutschen Strafverfolger auch gemäß Paragraf 100a der Strafprozessordnung die laufende Kommunikation von Verdächtigen direkt an der Quelle überwachen (Quellen - Telekommunikationsüberwachung, Quellen-TKÜ), also auf dem Computer oder Smartphone.[151] Dieses Vorgehen kann nötig sein, wenn die Kommunikation verschlüsselt stattfindet etwa über WhatsApp, die Behörden also während der Übertragung nicht mithören bzw. mitlesen können. Der Zugang zum Gerät des Absenders oder des Empfängers ist in diesen Fällen zwingend notwendig, um die Kommunikation zu überwachen. Das Bundeskriminalamt hat eigens ein Programm namens Remote Communication Interception Software (RCIS) für die Quellen-TKÜ entwickelt. Die erste Version konnte nur Skype-Gespräche auf Windows-Rechnern mitschneiden, die zweite Version hat einen etwas größeren Funktionsumfang. Dennoch hat das BKA 2013 zusätzlich eine Lizenz der Software FinFisher/FinSpy des deutsch-britischen Unternehmens Elaman/Gamma erworben, die seit Anfang 2018 hierzulande eingesetzt wurde. Das Unternehmer bewarb seine Staatstrojaner-Softwarepalette „komplettes Portfolio des Hackens“ bewirbt. Als Kunden wurden Polizei- und Geheimdienste auf der ganzen Welt genannt. Doch Anfang 2022 musste FinFisher den Geschäftsbetrieb einstellen wegen des Verdachts, dass die Trojaner-Software „ohne die erforderliche Ausfuhrgenehmigung des Bundesamtes für Wirtschaft und Ausfuhrkontrolle ausgeführt worden sein könnte“, so die Staatsanwaltschaft.[152] Den deutschen Behörden war die Spionagesoftware also gerade recht, aber ins Ausland sollte sie nicht gehen.

Über Paragraf 100a der Strafprozessordnung hinausgehend erlaubt Paragraf 100b der Polizei die Online-Durchsuchung. Hierbei kann die Polizei mithilfe von Überwachungssoftware alle Programme, Daten und Nachrichten auf einem Gerät heimlich aus der Ferne einsehen. Dieser Eingriff ist also noch schwerwiegender als die Quellen-TKÜ. Zuvor waren solche Maßnahmen nur zur Terrorabwehr erlaubt. Mit den Paragrafen 100a und 100b erhalten Ermittler diese Befugnisse für einen erweiterten Kreis von mutmaßlichen Straftaten.

Im Mai 2018 gab die Bundesregierung die Auskunft, das einzig das Bundeskriminalamt (BKA) über einen Staatstrojaner verfügt, nicht die Landeskriminalämter. Das BKA darf den Ländern zwar Amtshilfe leisten; dieser Fall sei jedoch noch nicht vorgekommen, jedenfalls nicht in abgeschlossenen Verfahren. Die Ausführungen der Regierung muten befremdlich an, wenn man weiß, dass der Chaos Computer Club (CCC) schon im Jahr 2011 einen unter anderem von Bayern eingesetzten Staatstrojaner entdeckte, der weit mehr konnte als das Gesetz erlaubt. Der am 12. September 1981 gegründete Hackerclub erlangte erstmals öffentliche Bekanntheit, als er am 19. November 1984 nachwies, dass das Btx-System der Bundespost unsicher ist und er über eine Sicherheitslücke binnen einer Nacht knapp 135.000 DM von der Hamburger Sparkasse abheben konnte. In den darauffolgenden Jahren wurde der CCC bei der Schaffung des Datenschutzgesetzes immer wieder konsultiert. Man darf also den Erkenntnissen des Chaos Computer Clubs durchaus eine hohe Realitätsnähe unterstellen. Vor diesem Hintergrund war es bemerkenswert, dass der CCC bei dem 2011 aufgespürten bayerischen Staatstrojaner herausfand, dass dieser die Daten auf dem infizierten Computer verändern und angeschlossene Mikrofone und Kameras für einen Großen Lauschangriff einschalten kann, was die verfassungsrechtlich vorgeschriebenen Befugnisse in vielerlei Hinsicht überschreitet. Am 10. Oktober 2011 musste der zuständige bayerische Innenminister Joachim Herrmann zugeben, dass die Software tatsächlich vom LKA Bayern stammt.

Im Sommer 2021 wurde die Staatstrojaner-Gesetzgebung abermals erweitert. Seit 2017 durften deutsche Ermittler nur unter bestimmten Umständen die Geräte von Verdächtigen hacken und ihnen eine Überwachungssoftware unterschieben, um ihre Kommunikation mitzulesen. 2021 bekamen auch die Bundespolizei sowie alle 19 Nachrichtendienste des Bundes und der Länder ähnliche Befugnisse. Seitdem darf die Bundespolizei die Kommunikation der Bürger auch präventiv überwachen, also bevor sie eine Straftat begehen. Voraussetzung dafür ist, dass es um die Abwehr „einer dringenden Gefahr für den Bestand oder die Sicherheit des Bundes oder eines Landes oder für Leib, Leben oder Freiheit einer Person oder Sachen von bedeutendem Wert, deren Erhaltung im öffentlichen Interesse liegt“, geht. Damit nicht genug: Unter Umständen dürfen auch Kontaktpersonen der Verdächtigen gehackt werden.[153]

Das deutsche Spionage-Startup ZITiS

Mit einem Erlass des Bundesinnenministers vom 6. April 2017 wurde die Zentrale Stelle für Informationstechnik im Sicherheitsbereich (ZITiS) errichtet. ZITiS ist eine Art Dienstleister für die Strafverfolgungsbehörden, die unter anderem Überwachungssoftware – also Staatstrojaner – für die Polizei und den Verfassungsschutz entwickelt. Die Bundesbehörde hat also die Aufgabe, Sicherheitslücken in Software und Hardware aufzuspüren, um darauf basierende Schnüffelprogramme zu entwickeln, die genau diese Lücken gezielt ausnutzen, um potenzielle Straftäter, Terroristen und sonstige Staatsfeinde auszuspionieren. ZITiS stellt diese Programme anderen Behörden zur Verfügung, nimmt also selbst keine Aufgaben der Polizei oder Geheimdienste wahr.[154]

ZITiS ist umstritten, weil es wieder einmal darum geht, aufgedeckte Sicherheitslücken zu verheimlichen und nur für eigene Spionagezwecke auszunutzen, statt den Hersteller der fehlerhaften Software zu informieren, sodass dieser schnellstmöglich die Lücke beheben könnte, damit alle Nutzer geschützt sind. WannaCry, der bislang größte Hackerangriff aller Zeiten, ist genau auf so einen Fall zurückzuführen. Allerdings war es bei WannaCry keine deutsche Behörde, sondern die National Security Agency der USA, die eine Software zur Ausnutzung einer Sicherheitslücke entwickelte und nicht verhindern konnte, dass genau diese Software in die falschen Hände geriet. Es ist nicht auszuschließen, dass künftig auch eine von ZITiS entwickelte Spionagesoftware irgendwann einmal von Hackern gegen Personen oder Unternehmen in Deutschland oder irgendwo auf der Welt eingesetzt wird.

Auf jeden Fall lässt sich feststellen, dass Deutschland bei der digitalen Gefahrenabwehr kräftig aufgerüstet hat, um im Sturm der Cyberkriminalität, des Cyberterrors und der Cyberkriege zu bestehen.

Bei Cybergefahren geht es in der Regel entweder um Chaos, Macht und Terror – oder wie so oft im Leben um Geld. Dabei ist abzusehen, dass Digitalgeld künftig eine Schlüsselrolle spielen wird – im Alltag der Bevölkerung, aber eben auch im Alltag der Cyberverbrecher. Hierbei geht es nicht nur um Kreditkartendaten, die schon sehr lange ein beliebtes Angriffsziel sind, sondern um eine neue Generation der digitalen Währungen. Vereinfacht gesagt, wird dabei der Geldschein aus Papier durch eine Ziffernkombination ersetzt. Diese Ziffernfolgen sind mit Methoden der Kryptographie verschlüsselt, daher ist auch oft von Kryptowährungen die Rede. Und ebenso wie „in alten Zeiten" Bankräuber den Tresor mit dem Papiergeld geleert haben, besteht künftig die Gefahr, dass die wertvollen Ziffernfolgen aus den digitalen Tresoren gestohlen werden. Diese Form des digitalen Bankraubs ist schon seit Jahren zu verzeichnen, allerdings in Einzelfällen und fast immer ging es dabei um die Kryptowährung Bitcoin. Doch je populärer Bitcoins und künftig sicherlich weitere Kryptowährungen werden, desto größer wird die Angriffsfläche.

Es ist wohl abzusehen, dass sich Kryptodiebstahl zu den beliebtesten Kriminalitätsformen der nächsten Jahre und Jahrzehnte entwickeln wird. Nordkorea finanziert heute schon mit dem Raub von Bitcoin-Bergen seinen Staathaushalt. Andere Staaten und vor allem die organisierte Kriminalität werden sich künftig diese sprudelnden Einnahmequellen nicht entgehen lassen. Wer sein Kryptogeld künftig im Smartphone-Wallet sicher glaubt, sollte also nochmal überlegen.

Sicherheitsgesetz 2.0 – wie China

Seit Anfang 2019 ist die Bundesrepublik Deutschland fest entschlossen, den Komplex Cybersicherheit in den Griff zu bekommen. Die Grundlage dafür bildet das über zwei Jahre hinweg entwickelte und 2021 beschlossene IT-Sicherheitsgesetz 2.0 (IT-SiG 2.0). Darin ist festgelegt, dass nicht nur Betreiber kritischer

Infrastrukturen strenge Sicherheitsvorkehrungen gegen Cyberangriffe zu beachten haben, sondern auch andere wichtige deutsche Unternehmen. Es kommt also einer gesetzlichen Verpflichtung der deutschen Wirtschaft zu mehr Cybersicherheit gleich. Eigentlich war das 2021 angesichts der Cybergefährdungslage ein längst überfälliger Schritt. Doch weite Teile der Wirtschaft wehrten sich und das hatte einen guten Grund: Sie befürchteten, statt von Hackern illegal ausgeraubt, von den Behörden legal ausspioniert zu werden. Denn das IT-SiG 2.0 sieht die Offenlegung von Verschlüsselungsmethoden, Algorithmen und weiteren möglichen Betriebsgeheimnissen vor. Ebenso wie viele Bürger misstrauisch sind gegenüber der Datensammelwut des Staates, ist offenbar auch die Bereitschaft der Unternehmen, sensible Informationen mit der Staatsmacht zu teilen, eher gering. Eine der Überlegungen dabei ist sicherlich, dass die Betriebsgeheimnisse in den staatlichen Datensilos keineswegs sicherer aufbewahrt sind, um sie vor Hackerangriffen und Industriespionage zu schützen, als in den firmeneigenen Datenbunkern.

Wie weitreichend das IT-Sicherheitsgesetz 2.0 greift, zeigte sich schon bei der Verabschiedung im Deutschen Bundestag Anfang 2021, weil in dem Gesetz nicht nur von den Herstellern von besonders sensiblen Produkten wie zum Beispiel Rüstungsfirmen die Rede ist, sondern auch von solchen, die „nach ihrer inländischen Wertschöpfung zu den größten Unternehmen in Deutschland gehören und daher von erheblicher volkswirtschaftlicher Bedeutung für die Bundesrepublik Deutschland sind".[155]

Besonders pikant: Im Gesetz steht gar nicht drin, nach welchen Kriterien diese Unternehmen ausgewählt werden sollen. Das soll erst in späteren Verordnungen festgelegt werden –und kann dort natürlich auch viel leichter angepasst werden als in einem Gesetzestext. „Wir gehen davon aus, dass Automobilhersteller und etliche Zulieferer und damit wichtige Teile der deutschen Industrie von zusätzlichen Auflagen und Restriktionen betroffen sind", sagte Hildegard Müller, Präsidentin des Verbandes der Automobilindustrie (VDA), 2021.[156] Der Bundesverband der Deutschen Industrie (BDI) bezeichnete das Gesetz als „sehr kritisch und in weiten Teilen dringend überarbeitungsbedürftig" und monierte, dass das IT-SiG 2.0 vielfach zu weit in unternehmerische Prozesse eingreift und unberechtigt umfangreiche Auskunftspflichten enthalte. Hinter vorgehaltener Hand wurde die Kritik in der Industrie teils noch deutlicher: Nicht einmal China mische sich so stark in die Sicherheitsarchitektur seiner Unternehmen ein, hieß es 2021.

Tatsächlich könnte der Staat künftig allen Unternehmen, die per Verordnung für volkswirtschaftlich bedeutsam erklärt werden, vorschreiben, mit welchen Sicherheitsvorkehrungen Cyberangriffe abgewehrt werden müssen. Das Bundesamt für Sicherheit in der Informationstechnik (BSI) würde dabei zur Aufsichtsbehörde aufgewertet werden. Es käme einer Art einheitlichem Schutzschild der deutschen Wirtschaft gegen Cyberangriffe aller Art gleich. Angesichts der Bedrohungslage war 2021 eine solche nationale Anstrengung zweifelsohne gerechtfertigt. Die Balance zwischen unternehmerischer und staatlicher Verantwortung ist sicherlich immer wieder zu diskutieren – aber dieser Grundsatz gilt nicht nur bei der IT-Sicherheit, sondern für alle Aspekte wirtschaftlicher Eigenverantwortung und gesetzlicher Rahmenbedingungen. Wenn man den Blick über die Wirtschaft hinausgehend auf rein staatlich-gesellschaftliche Aspekte linkt, so lässt sich feststellen, dass freie Wahlen zu den sensibelsten Aspekten einer Demokratie gehören. Auch hier ist die Schutzbedürftigkeit vor Hackerangriffe groß.

Wie man sich schützen kann

Angesichts der in diesem Buch dargestellten Bedrohungs- und Gefährdungslage kommt beinahe zwangsläufig die Frage auf: Wie kann man sich, seinen Computer und sein Smartphone schützen?

Schutz im privaten Bereich

Dazu lassen sich einige grundlegende Antworten für den privaten Bedarf wie folgt formulieren:

Erstens: Geben Sie keine Daten von sich preis, wenn es nicht notwendig ist.

Konkrete Beispiele: Bei allen Online-Formularen nur notwendige Eingabefelder ausfüllen. In den sozialen Netzwerken keine wirklich wichtigen privaten Informationen bekanntgeben.

Zweitens: Nehmen Sie bei aller Software, die Sie verwenden, zügig neue Updates vor, sobald diese verfügbar sind.

Konkrete Beispiele: Automatisches Update einschalten, soweit verfügbar. Es ist davon auszugehen, dass beinahe mit jedem Update auch Sicherheitslücken geschlossen werden. Verwenden Sie keine Software, die so alt ist, dass der Anbieter den Update-Support eingestellt hat.

Drittens: Speichern Sie Ihre wirklich wichtigen Daten und Dokumente als Kopien in einer Form und an einem Ort ab, so dass sie einen Cyberangriff auf Ihren Computer oder ihr Smartphone auf jeden Fall überstehen.

Konkrete Beispiele: Überlegen Sie, welche Informationen Ihnen fehlen, wenn Ihr Computer oder Ihr Smartphone von jetzt auf gleich vollständig ausfällt und nicht mehr wiederbelebt werden kann. Sichern Sie diese Informationen außerhalb des Computers bzw. Smartphones, beispielsweise auf einer externen Festplatte oder als Papierausdruck. Das können beispielsweise sein: Kontakt-/Telefonverzeichnis, Logins und Passworte für Bankkonten und sonstige Accounts usw.

Viertens: Laden Sie nur Apps auf Ihr Smartphone, die sie wirklich benötigen.

Konkret: Je weniger Apps, desto geringer ist die Gefahr.

Fünftens: Seien Sie misstrauisch.

Konkrete Beispiele: Klicken Sie nicht auf Links, die Sie in Messages erhalten, wenn Sie den Absender nicht kennen. Bei unbekannten Absendern oder zweifelhaften Nachrichten gilt: Zügeln Sie Ihre Neugier. Und: Besuchen Sie keine dubiosen Webseiten.

Alternative für Neugierige: Verwenden Sie ein älteres Smartphone, der außer an das externe Internet nicht an Ihre Cloud angeschlossen ist, um Webseiten zu besuchen, auf die Sie neugierig sind. Es versteht sich, dass Sie auf diesem „Neugier-Handy“ keinerlei persönliche Daten von Belang speichern.

Sechstens: Achten Sie auf sichere Passworte, Pins und Zugänge.

Konkrete Beispiele: Wählen Sie Passworte und Pins sorgfältig unter dem Gesichtspunkt aus, dass sie nicht leicht zu erraten sein sollen. Der Name Ihres Hundes, den sie in sozialen Netzwerken nennen, ist ebenso wenig geeignet wie Ihr Geburtsjahr als Pin-Code. Ein Passwort sollte zudem mindestens zwölf Zeichen lang sein; Zeichenfolgen ohne Bedeutung sind am besten. Ebenfalls wichtig: Verwenden Sie nicht für alle Ihre Zugänge ein- und dieselben Passworte und Pins. Denn wenn ein Zugang von Hackern erbeutet wird, soll er nicht gleich Zugang zu allen Ihren Logins bekommen. Zum Aufbewahren der Passworte, Pins und sonstigen Zugangsdaten bietet sich eine entsprechende Passwort-Managementsoftware; alternativ ganz altmodisch auf einen Zettel geschrieben, der zu Hause sorgfältig geschützt aufbewahrt wird. Soweit es möglich ist, verwenden Sie Zwei-Faktor-Authentifizierung: In diesem Fall muss jeder Zugang auf einem zweiten Gerät, typischerweise ein zweites Smartphone oder ein iPad, bestätigt werden.

Siebtens: Halten Sie einen Notfallplan bereit.

Konkrete Beispiele: Was wollen Sie tun, wenn Ihr Smartphone und/oder Ihr Computer urplötzlich komplett ausfällt? Wenn Sie auf diese Frage eine Antwort haben, die für Ihren Bedarf funk-

tioniert, sind Sie auf einen potenziellen Hackerangriff vorbereitet. Zudem sollte man alle wesentlichen Informationen parat halten, um Kreditkarten, Bankkonten und sonstige wichtige Zahlungsmittel und Zugänge im Fall der Fälle per Telefon sperren zu können.

Achtens: Vermeiden Sie am Telefon das Wort „ja". Seit Anfang 2021 sind nämlich wieder verstärkt Telefonbetrüger unterwegs, die mit Fragen wie „hören Sie mich?" den Angerufenen zum Ja-Sagen drängen wollen. Das „ja" wird später von den Betrügern sozusagen „umfunktioniert" als Zusage zu einem nicht gewollten Abonnement oder einer ähnlichen Bestellung. Besser antwortet man also mit „ich höre Sie" oder ähnlich – alles ist besser als „ja".

Wer überprüfen will, ob seine E-Mailadresse schon einmal in einem Datenleck entdeckt wurde, kann dies über die Website *https://haveibeenpwned.com* feststellen. Auf derselben Seite findet sich auch ein stets aktualisierter Überblick über alle bekannt gewordenen Datenverbrechen. 2021 wies die Seite rund 10,6 Milliarden gehackte Online-Accounts auf.

Eine weitere interessante Website im Zusammenhang mit mobiler Sicherheit ist *www.frankgehtran.de*. Auf der seit Mai 2021 vom Verein Digitalcourage betriebenen Seite finden sich Mobilfunknummern, die jedermann „einfach so" herausgeben kann, wenn man nach einer Telefonnummer gefragt wird, die eigene aber nicht nennen möchte. Wer unter den Fake-Nummern anruft, wird von Franks Bandansage seriös aber energisch

abgewimmelt. Alternativ hat die Bundesnetzagentur Telefonnummern im Mobilfunk- und Festnetz veröffentlicht, die dauerhaft abgeschaltet sind. Diese sogenannten „Drama Numbers“ wurden ursprünglich für Medienproduktionen eingerichtet, beispielsweise wenn in einer Werbeanzeige oder in einem Kinofilm eine echt wirkende Telefonnummer zu sehen sein sollte. Die Liste ist öffentlich einsehbar unter:
www.bundesnetzagentur.de/SharedDocs/Downloads/DE/Sachgebiete/Telekommunikation/Unternehmen_Institutionen/Nummerierung/Rufnummern/Mittlg148_2021.pdf?__blob=publicationFile&v=1.

Unternehmerische Sicherheit

Alle für den privaten Bereich aufgeführten grundlegenden Sicherheitsmaßnahmen gelten selbstverständlich auch für Unternehmen. Aber das reicht nicht. Firmen sollten zusätzlich folgende Grundregeln beachten:

- IT-Sicherheit gehört auf die Agenda der obersten Führungsebene.

- Die Verantwortung für die Sicherheit der IT- und Telekommunikationssysteme muss eindeutig geregelt sein. Eine Proforma-Ernennung etwa eines Datenschutzbeauftragten ist nicht genug.

- Ein Notfallplan für einen IT-Angriff sollte eine Selbstverständlichkeit sein.

- Eine moderne IT-Sicherheitsarchitektur muss die Smartphones seiner Beschäftigten vollumfänglich mit einbeziehen. Der bloße Fokus auf Firmencomputer greift zu kurz. Es ist blauäugig zu meinen, dass die Beschäftigten etwa die Kontakte zu Kunden und Kollegen nicht auf ihrem Smartphone speichern. Kritischer wird es, wenn dort auch Zugangsdaten zur Unternehmens-IT abgelegt sind. Daher gehört alles auf den Tisch, was die Firmen-IT berühren könnte.

- Ein betriebliches IT-Sicherheitskonzept muss berücksichtigen, dass Smartphones häufiger verloren gehen oder gestohlen werden als herkömmliche Computer.

- Social Engineering gehört zu den besonders perfiden Methoden, wie in diesem Buch erläutert. Daher sind Firmen gut beraten, alle Mitarbeitenden auf diese Gefahrenquellen hinzuweisen und beispielsweise regelmäßig Anti-Hacking-Seminare für die Beschäftigten durchzuführen.

- Jedwede Vorsorgeplanung sollte sich an der Erkenntnis ausrichten: Das Unternehmen wird mit hoher Wahrscheinlich angegriffen, nur die Frage, wann das der Fall sein wird, ist ungewiss.

Der Trend zum Home Office, deutlich verstärkt in den Pandemiejahren 2020/21, stellt auch neue Anforderungen an die IT-

Sicherheit der Unternehmen. Bei vielen Firmen scheint auf diesem Gebiet ein gewisser Nachholbedarf zu bestehen.

Letztlich geht es für die Unternehmen darum, IT-Sicherheit als eine Art Firmenwert, einen Teil der Firmenkultur, zu etablieren. Der erste Schritt besteht darin, den erforderlichen Handlungsbedarf überhaupt erst einmal zu erkennen. Dazu gehört eine solide und vor allem ehrliche Bestandsaufnahme. Im zweiten Schritt sollte die Festlegung einer IT-Sicherheitsstrategie erfolgen. Dazu gehören formale Regeln für die IT-Sicherheit, die Implementierung in Geschäftsprozesse und die Schulung aller Beschäftigten sowie letztlich die Etablierung einer Sicherheitskultur im Unternehmen. Bei der Umsetzung sollten zeitgemäße Authentifizierungsverfahren, eine strikte Netzwerksegmentierung und modernes E-Learning zum Einsatz kommen. Es versteht sich, dass alle diese Schritte regelmäßig neu durchgeführt und die Verfahren immer wieder aktualisiert werden müssen.

Smartphone im Extremschutzmodus

Im Herbst 2022 stellte Apple einen „extremen Schutzmodus“ vor, um iPhones vor Hackerangriffen zu bewahren. Der Lockdown- oder Blockierungsmodus verkleinert die Angriffsfläche der Geräte deutlich. Es war offensichtlich eine Abwehr gegen ausgeklügelte Angriffsszenarien wie die an anderer Stelle in diesem Buch dargestellte Pegasus-Software der israelischen NSO Group. Im Blockierungsmodus ist zwar die Funktionalität des Smartphones stark eingeschränkt, aber die Sicherheit dafür umso höher. Apple spricht von einem „extremen, optionalen Niveau von Sicherheit für die wenigen Nutzerinnen und Nutzer, die wegen dem, was sie tun oder wer sie sind, von einigen der ausgefeiltesten digitalen Bedrohungen betroffen sind“. Der Modus sei „wegweisend“, um „Nutzerinnen und Nutzer selbst vor den seltensten, raffiniertesten Attacken“ zu bewahren.

Tatsächlich sollten Personen, die sich einer besonders hohen potenziellen Gefahr der Smartphone-Spionage ausgesetzt sehen, sei es beruflich oder privat, ernsthaft erwägen, den extremen Sicherheitsmodus einzuschalten. Dann werden außer Fotos fast alle Anhänge in der Nachrichten-App blockiert und Link-Vorschauen nicht mehr angezeigt, eine Reihe von Web-Technologien wird deaktiviert, eingehende FaceTime-Anrufe sind blockiert, wenn dem Anrufenden nicht zuvor eine Anfrage geschickt oder angerufen wird und alle Kabelverbindungen zu Computern oder Zubehör werden unterbrochen, sobald das iPhone gesperrt wird. Zudem können IT-Abteilungen die Geräte nicht wie gewohnt verwalten.[157] Die Aufzählung verdeutlich die durchaus erheblichen Einschränkungen. Indes: Ein Smartphone mit eingeschränkter Funktionalität mag immer noch besser sein als ein gehacktes Gerät.

Nachwort

Ein Smartphone ist in erster Linie ein Computer und erst in zweiter Linie ein Telefon. Entlang dieser grundlegenden Erkenntnis sollte auch die Sicherheit für Smartphones gestaltet werden. Je digitaler unser Alltag, unsere Gesellschaft, unsere Wirtschaft und unsere Politik wird, desto größer werden die Angriffsflächen für Cyberkriminelle. Und diesen immer größeren Angriffsflächen steht ein wachsendes Heer und zunehmend professioneller ausgerichteter Hackerbanden gegenüber. Längst sind es nicht mehr nur pubertierende Jugendliche, die sich beweisen wollen, sondern es sind „hauptberufliche" Cyberkriminelle, denen es vor allem um die Kasse geht. Und es sind zusehends staatliche Hacker, entweder „Mitarbeiter" bei Regierungsbehörden oder Cybersöldner im Behördenauftrag.

Es ist abzusehen, dass sich die Bedrohungslage in den nächsten Jahren und Jahrzehnten weiter verschärfen wird. Dafür gibt es mehrere Gründe. Erstens nimmt unsere Abhängigkeit von digitalen Infrastrukturen auf allen Ebenen weiter zu. Je mehr und umfassender wir digitalisieren, desto verletzlicher werden wir. Zweitens spielt der technische Fortschritt den Angreifern in die Hände, weil sie beispielsweise ohne Skrupel Künstliche Intelligenz für ihre Attacken einsetzen können, während vor allem in demokratischen Staaten gesellschaftliche und gesetzliche Hürden beim KI-Einsatz zu überwinden sind.

Drittens wird die geopolitische Auseinandersetzung der Staaten zusehends durch „Cyberpolitik“ bestimmt, ehrlicherweise sollte man von „Cyber War“ sprechen. Und viertens spielt den Cyberkriminellen in die Hände, dass der Unterschied zwischen Wahrheit und Fälschung immer mehr verschwindet; das Treiben in den sozialen Netzwerken steht beispielhaft für diese Entwicklung. Damit wird es zusehends schwieriger, digitalen Trickbetrug, gleich welcher Art, überhaupt zu erkennen. Fünftens muss man wohl hinzufügen, dass der Cyberterrorismus erst am Anfang steht.

Die Erkenntnis: Man kann sich vor Hackern nicht schützen. Das gilt für Staaten, Unternehmen und Einzelpersonen. Aber man kann sich darauf vorbereiten. Es ist möglich, den „Tag X“ vorherzusehen, statt sich von ihm überraschen zu lassen. Dann ist es gut, eine Notfallplanung in der Schublade zu haben. Dazu gehört, essenzielle Informationen in Papierform aufzubewahren. Wenn die digitalen Daten gestohlen, gelöscht oder missbraucht werden, hilft es, immerhin einen Grundbestand an Informationen auf Papier vorweisen zu können.

Denn es gilt, sich vom Smartphone insofern unabhängiger zu machen, als das Leben nicht zusammenbricht, wenn das Gerät verloren geht oder entwendet wird oder die dort gespeicherten Daten für Missbrauchszwecke eingesetzt werden.

Über den Autor

Der Autor Marc Ruberg, Kernphysiker und Informatiker, kennt „die Szene“ wie kaum ein anderer. Er ist Verantwortlicher für das Hochschulnetz des Landes Baden-Württemberg, stimmberechtigtes Mitglied im berühmt-berüchtigten Chaos Computer Club (CCC) und aktives Mitglied im Diplomatic Council, einem globalen Think Tank mit Beraterstatus bei den Vereinten Nationen (UNO).

Marc Ruberg, in der Szene als „ruby“ bekannt, sieht sich als ein „White Hacker“. Diesen Ehrentitel tragen „die guten Com–puter-hacker“, die auf der Seite von Recht und Ordnung stehen, aber die Tricks und Methoden der Datendiebe, Interneterpresser und Cyberterroristen eben so gut beherrschen wie die sogenannten „Black Hacker“, die Internetkriminellen. Das Credo von Marc Ruberg: Die digitale Welt ist unsicherer als je zuvor, für Hacker ist es so leicht wie noch nie, in fremde Computer, Netze und Smartphones einzudringen, und „Otto Normalverbraucher“ und „Lieschen Müller“ sind die gläserndsten Bürger:innen und Verbraucher:innen aller Zeiten.

Et al. An diesem Werk haben zahlreiche weitere Mitglieder der UNO-Denkfabrik Diplomatic Council mitgewirkt. Das vorliegende Buch ist in diesem Sinne ein Gemeinschaftswerk.

Bücher im DC Verlag

Denken 4.0 – Welt im Umbruch. Was die klügsten Köpfe eines globalen Think Tank über unsere Zukunft denken, Buddhi K. Athauda, Thi Thai Hang Nguyen, Andreas Dripke, 332 Seiten, Hardcover, ISBN 978-3-947818-00-6

Mein Atomknopf ist größer – America vs. North Korea, Jamal Qaiser, 184 Seiten, Paperback, ISBN 978-3-947818-01-3

Stasi 2.0 – Wie wir durch den staatlich-industriellen Digitalkomplex zu gläsernen Bürgern werden und was das für unsere Zukunft bedeutet, Andreas Dripke, Markus Miksch, 444 Seiten, Paperback, ISBN 978-3-947818-05-1

Rechtsruck – Wie das Wiedererstarken des Nationalismus Deutschland in die Katastrophe führt, Anonyme Autoren, 660 Seiten, Paperback, ISBN 978-3-947818-06-8

Pandemie – Die Welt im Corona-Krieg, 2. aktualisierte Auflage. Andreas Dripke, Markus Miksch, 148 Seiten, Paperback, ISBN 978-3-947818-13-6

Covid-19 Falsche Pandemie – Die fatalen Fehler der WHO und ihre verhängnisvollen Folgen, Jamal Qaiser, Markus Miksch, 234 Seiten, Paperback, ISBN 978-3-947818-15-0

75 Jahre UNO – Macht und Ohnmacht der Vereinten Nationen. Andreas Dripke, Hang Nguyen, 330 Seiten, Paperback, ISBN 978-3-947818-07-5

Die Dekade 2020-2030 – Das kommt auf uns zu!, Andreas Dripke, Hang Nguyen. 362 Seiten, ISBN 978-3-947818-17-4

Corona und Impfen, Andreas Dripke et al., 188 Seiten, ISBN 978-3-947818-18-1

Hacker – Angriff auf unsere Computer-Zivilisation, Anonyme Autoren, 432 Seiten, ISBN 978-3-947818-23-5

Migration nach Europa – Wir schaffen das und die Folgen, Anonyme Autoren, 510 Seiten, Paperback, ISBN 978-3-947818-32-7

Auto – Vom Diesel-Desaster bis zum selbstfahrenden E-Auto, Autorengemeinschaft Diplomatic Council, 572 Seiten, Paperback, ISBN 978-3-947818-09-9

Digitale Disruption – Alles wird anders, Andreas Dripke et al., 216 Seiten, Paperback, ISBN 978-3-947818-34-1

Inside WHO – Dr. Tedros und die Weltgesundheitsorganisation, Andreas Dripke et al., 124 Seiten, Paperback, ISBN 978-3-947818-27-3

Die biometrische Vermessung der Menschheit, Andreas Dripke et al., 212 Seiten, Paperback, ISBN 978-3-947818-39-6

Welt ohne Bargeld – Bitcoin und andere Kryptowährungen, Andreas Dripke, Stephanie Stoerk, 176 Seiten, Paperback, ISBN 978-3-947818-41-9

Apple Car – Wie der iKonzern das Auto neu erfindet, Andreas Dripke et al., 284 Seiten, Paperback, ISBN 978-3-94-7818-43-3

Interim Manager berichten aus der Praxis: Automotive, Reihe „Von Interim Managern lernen", Jürgen Becker, Ulf Camehn, Ludek Cermak, Hanno Goffin, Ralf-Peter Hanrieder, Dr. Dr. Stefan Hohberger, Andreas Kälber, Dr. Gerhard Müller-Spanka, Frank P. Neuhaus, Christine Pfisterer, Christian Ritzer, Dr. Harald Schönfeld, Jane Enny van Lambalgen, 404 Seiten, ISBN 978-3-947818-29-7

Der Wahn mit dem Datenschutz, Andreas Dripke et al., 136 Seiten, Paperback, ISBN 978-3-947818-51-8

Die Apple Agenda – Welche Märkte der iKonzern künftig revolutionieren wird, Andreas Dripke et al., 260 Seiten, Paperback, ISBN 978-3-947818-47-1

Hilfe, wir werden gechippt! – Vom Mikrochip unter der Haut bis zum Hirnschrittmacher, Andreas Dripke et al., 176 Seiten, Paperback, ISBN 978-3-947818-55 -6

2045 – Das Jahr, in dem die Künstliche Intelligenz schlauer wird als der Mensch, Dr. Horst Walther, Andreas Dripke, 106 Seiten, Paperback, ISBN 978-3-947818-57 -0

Denken 5.0 – Was die klügsten Köpfe eines globalen Think Tank über unsere Zukunft denken, Diplomatic Council Autorengemeinschaft, 292 Seiten, ISBN 978-3-94-7818-36-5

Cyber War – Die digitale Bedrohung, Marc Ruberg et al., 244 Seiten, Paperback, ISBN 978-3-947818-45-7

Interim Manager berichten aus der Praxis: Maschinen- und Anlagenbau, Reihe „Von Interim Managern lernen", Jürgen Becker, Eckhart Hilgenstock, Falk Janotta, Peter Lüthi, Hans-Rolf Niehues, Manfred Richter, Dr. Harald Schönfeld, Dr. Uwe Seidel, Götz Stapelfeldt, Michael Weimar, 300 Seiten, Paperback, ISBN 978-3-947818-75-4

Digitale Identität – Unser Zwilling im Datennetz, Andreas Dripke et al. 164 Seiten, Paperback, ISBN 978-3-947818-53-2

Ewige Pandemie – Freiheit ade, Andreas Dripke, Markus Miksch, 204 Seiten, Paperback, ISBN 978-3-947818-59-4

Der digitale Euro – Computergeld statt Bares, Andreas Dripke, Stephanie Stoerk, 232 Seiten, Paperback, ISBN 978-3-947818-61-7

Europa am Scheideweg – Was Europa tun muss, um seine Zukunft zu retten, Andreas Dripke, Hang Nguyen, Dr. Horst Walther, Paperback, ISBN 978-3-947818-65-5

Klimakatastrophe – Wahn oder Wirklichkeit?, Hang Nguyen et al., 184 Seiten, Paperback, ISBN 978-3-947818-49-5

Der Dritte Weltkrieg – Das Undenkbare denken, Hang Nguyen, Jamal Qaiser, 268 Seiten, Paperback, ISBN 978-3-947818-67-9

Metaverse – Was es ist, wie es funktioniert, wann es kommt, Andreas Dripke, Marc Ruberg, Detlef Schmuck, 256 Seiten, Paperback, ISBN 978-3-947818-87-7

Alles über Krypto – NFT, Blockchain, Bitcoin & Co., Andreas Dripke, Stephanie Stoerk, 160 Seiten, Paperback, ISBN 978-3-98674-007-8

Der Wahn mit der Bürokratie – Wie Bürokratismus unsere Gesellschaft zerstört, Andreas Dripke, Hubert Nowatzki, 260 Seiten, Paperback, ISBN 978-3-94-7818-89-1

Interim Manager berichten aus der Praxis: Business Transformation, Reihe „Von Interim Managern lernen“, Hrsg: Dr. Harald Schönfeld, Jürgen Becker, ca. 360 Seiten, ISBN 978-3-98674-009-2

Computer wie Götter – Die Rechenknechte übernehmen die Herrschaft, Andreas Dripke, Hang Nguyen, 148 Seiten, Paperback, ISBN 978-3-98674-005-4

Alles über Künstliche Intelligenz – Woher sie kommt, wie sie denkt, was sie kann, wohin sie führt, Andreas Dripke, Dr. Horst Walther, 208 Seiten, Paperback, ISBN 978-3-947818-25-9

Das Versagen des Westens in Afghanistan, Syrien und der Ukraine, Hang Nguyen, Jamal Qaiser, 148 Seiten, Paperback, ISBN 978-3-947818-97-6

Wenn sich China und Russland verbünden... Andreas Dripke, Hang Nguyen, Jamal Qaiser, 260 Seiten, Paperback, ISBN 978-3-98674-016-0

Widerstand gegen die digitale Überwachung! – Wofür Julian Assange und Edward Snowden kämpften, Marc Ruberg, Detlef Schmuck, 220 Seiten, Paperback, ISBN 978-3-947818-93-8

Das Internet der Dinge – Das Netz umschlingt uns. Andreas Dripke, Wolfgang Odenthal, 136 Seiten, Paperback, ISBN 978-3-947818-99-0

Kampf ums All – Wie Jeff Bezos, Richard Branson und Elon Musk den Weltraum erobern, und die Rolle der NASA, der ESA, Russlands und Chinas, Andreas Dripke, 260 Seiten, Paperback, ISBN 978-3-98674-014-6

China versus USA – Kampf um die Vorherrschaft, Dr. Horst Walther et al., 280 Seiten, Paperback, ISBN 978-3-947818-63-1

Quellenangaben und Anmerkungen

[1] https://de.statista.com/statistik/daten/studie/295265/umfrage/polizeilich-erfasste-faelle-von-cyberkriminalitaet-im-engeren-sinne-in-deutschland/

[2] https://it4e.de/cyberkriminalitaet/

[3] https://de.statista.com/statistik/daten/studie/309656/umfrage/prognose-zur-anzahl-der-smartphone-nutzer-weltweit/

[4] https://www.macwelt.de/news/Handy-wichtiger-als-Partner-Erschreckende-Smartphone-Studie-10967334.html

[5] https://www.cosmopolitan.de/53-prozent-der-maenner-verzichten-lieber-auf-ihre-partnerin-als-auf-111314.html

[6] https://de.statista.com/statistik/daten/studie/744138/umfrage/umfrage-zur-taeglichen-nutzungshaeufigkeit-von-smartphones-in-deutschland/

[7] https://www.pressebox.de/pressemitteilung/g-data-software-ag/Allianz-Risikobarometer-2020-Betriebsunterbrechungen-Pandemien-Hackerangriffe-sind-die-groessten-Bedrohungen/boxid/1040961

[8] Stasi 2.0 – Wie wir durch den staatlichen-industriellen Digitalkomplex zu gläsernen Bürgern werden und was das für unsere Zukunft bedeutet, Andreas Dripke, Markus Miksch 2. aktualisierte Auflage 2021, DC Publishing, ISBN 978-3-947818-05-1

[9] https://www.bka.de/DE/UnsereAufgaben/Deliktsbereiche/Cybercrime/cybercrime_node.html

[10] https://www.merkur.de/verbraucher/dhl-sms-paket-nachricht-hermes-kunden-verbraucherzentrale-was-tn-91148638.html

[11] https://www.proofpoint.com/de/threat-reference/smishing

[12] https://www.bloomberg.com/news/articles/2021-11-30/finland-battles-exceptional-malware-attack-spread-by-phones

[13] https://www.spiegel.de/netzwelt/gadgets/mobilfunk-die-deutschen-nutzen-wieder-mehr-sms-a-a37dc968-cef6-463d-83b6-05998d236a10

[14] https://www.spiegel.de/netzwelt/web/lapsususd-hackt-sich-ein-17-jaehriger-quer-durch-die-it-branche-a-71554295-513d-4832-9a3c-6381f9b0b8eb

[15] https://www.connect.de/news/android-ransomware-black-rose-lucy-warnung-3200729.html

[16] https://www.intercyberguard.de/Blog/Cybercrime/Cybercrime-in-Zahlen

[17] https://veranstaltungen.handelsblatt.com/cybersecurity/die-groess-ten-cyberattacken-der-vergangenen-zwei-drei-jahre/

[18] https://winfuture.de/news,121212.html

[19] https://winfuture.de/news,120992.html

[20] https://www.pcwelt.de/news/Telegram-Bot-verkauft-533-Mio.-Face-book-Nutzerdaten-10965913.html

[21] https://www.griechenland.net/nachrichten/tv-tipps/24162-das-troja-nische-pferd-mythos-und-realität

[22] https://blog.malwarebytes.com/threat-analysis/2016/04/petya-ransomware/

[23] https://blog.malwarebytes.com/threat-analysis/2016/04/petya-ransomware/

[24] https://www.heise.de/security/meldung/Goldeneye-Ransomware-greift-gezielt-Personalabteilungen-an-3562281.html

[25] https://www.heise.de/security/meldung/Petya-NotPetya-Kein-Er-pressungstrojaner-sondern-ein-Wiper-3759293.html

[26] https://securelist.com/destructive-malware-five-wipers-in-the-spot-light/58194/

[27] https://www.heise.de/tp/features/Cyber-Krieg-im-Nahen-Osten-3395617.html

[28] http://securityaffairs.co/wordpress/8332/malware/rasgas-new-cyber-attack-against-an-energy-company.html

[29] https://www.wired.com/story/notpetya-cyberattack-ukraine-russia-code-crashed-the-world/

[30] https://mosis.eecs.utk.edu/publications/anand2019spearphone.pdf

[31] https://medium.com/br-next/is-your-phone-listening-to-your-conversations-5182bc8ed45

[32] https://www.nytimes.com/2017/12/28/business/media/alphonso-app-tracking.html

[33] https://netzpolitik.org/2020/update-bei-google-und-apple-kontakt-verfolgung-soll-bald-auch-ohne-app-klappen/

[34] https://www-bloomberg-com.cdn.ampproject.org/c/s/www.bloomberg.com/amp/news/articles/2020-04-10/apple-google-bring-covid-19-contact-tracing-to-3-billion-people

[35] Stasi 2.0, Andreas Dripke, Markus Miksch, ISBN 978-3947818051

[36] https://www.zeit.de/news/2021-12/04/handy-faellt-in-badewanne-13-jaehrige-gestorben

[37] https://www.netzwelt.de/news/185589-whatsapp-fiese-malware-lockt-nutzer-google-play-falle.html

[38] https://www.focus.de/digital/handy/trojaner-sammelt-daten-9-millionen-android-geraete-infiziert-190-apps-mit-schad-software-befallen_id_24461569.html

[39] https://www.iphone-ticker.de/the-great-ipwn-ios-sicherheitsluecke-hat-komplettueberwachung-ermoeglicht-167810/

[40] https://www.macrumors.com/2021/01/28/messages-blastdoor-ios-14-security-system/

[41] https://www.futurezone.de/digital-life/article216183177/AirPods-Hack-geht-viral-Das-macht-mir-Angst-sagen-Nutzer.html

[42] https://blog.avast.com/de/wannacry-auch-ein-jahr-danach-ist-es-noch-zum-heulen

[43] https://www.wiwo.de/technologie/weltweite-attacke-auf-computer-systeme-microsoft-gibt-regierungen-mitschuld-an-hackerangriff/19801106.html

[44] https://m.bild.de/digital/internet/internet/walker-jagt-wannacry-hacker-nordkorea-trainiert-sie-wie-olympia-sportler-73307782.bildMobile.html

[45] https://www.notebookcheck.com/NSA-Virus-Eternal-Blue-fuer-TSMC-Attacke-verantwortlich.321036.0.html

[46] https://www.watson.ch/digital/analyse/223501890-war-s-das-mit-apples-umstrittenem-kinderporno-scanner-die-fakten

[47] https://arxiv.org/pdf/2110.07450.pdf

[48] https://www.iphone-ticker.de/expertengruppe-apples-geplante-foto-scans-gefaehrden-die-privatsphaere-181164/

[49] https://www.heise.de/news/iOS-15-2-ist-da-mit-vielen-Neuerungen-und-iMessage-Nacktfilter-6293805.html

[50] https://www.asktheeu.org/en/request/10024/response/34240/attach/4/Briefing%20Redacted.pdf

[51] https://netzpolitik.org/2021/private-relay-eu-misstraut-apples-internet-tarnkappe/

[52] https://exxpress.at/datenschuetzer-schlagen-alarm-eu-will-alle-smartphones-ueberwachen/

[53] https://www.wmn.de/business/innovation/donald-trump-wurde-von-russen-gehackt-schon-wieder-id20938

[54] https://www.zeit.de/digital/internet/2020-12/cyberangriff-usa-hacker-daten-diskussion-russland?utm_referrer=https%3A%2F%2Fwww.google.com

[55] https://t3n.de/news/trojaner-orion-hack-1345406/

[56] https://www.sueddeutsche.de/digital/it-sicherheit-cyberspionage-usa-russland-joe-biden-hacker-1.5201146

[57] https://www.spektrum.de/news/solarwinds-ein-hackerangriff-der-um-die-welt-geht/1819187

[58] https://securityaffairs.co/wordpress/112512/malware/supernova-backdoor-solarwinds-hack.html

[59] https://www.sueddeutsche.de/digital/it-sicherheit-cyberspionage-usa-russland-joe-biden-hacker-1.5201146

[60] https://us-cert.cisa.gov/ncas/current-activity/2021/01/08/cisa-releases-new-alert-post-compromise-threat-activity-microsoft

[61] https://www.heise.de/news/US-Ermittler-Massiver-Hackerangriff-geht-weit-ueber-SolarWinds-hinaus-5041427.html

[62] https://www.theregister.com/2020/03/29/microsoft_azure_usage_surge_coronavirus/

[63] https://www.zdnet.de/88247826/aktualisierte-microsoft-statistikseite-erwaehnt-12-milliarden-office-nutzer/

[64] https://de.statista.com/themen/783/betriebssysteme/

[65] https://www.msn.com/de-de/nachrichten/digital/angriffe-auf-software-lieferketten-nehmen-zu/ar-BB1dyBfQ

[66] https://www.chip.de/news/Mehr-als-drei-Milliarden-gehackte-E-Mail-Adressen-und-Passwoerter-veroeffentlicht_183295344.html

[67] https://www.stern.de/digital/online/megaleak-verteilt-zugangsdaten-von-3-milliarden-nutzern-im-netz---so-schuetzen-sie-ihre-accounts-30364028.html

[68] https://www.t-online.de/digital/handy/id_89762500/studie-google-betriebssystem-android-sammelt-20-mal-mehr-daten-als-apple-ios.html

[69] https://www.tecchannel.de/a/datenmengen-explodieren-durch-sensordaten,2056615

[70] https://blog.wiwo.de/look-at-it/2019/09/09/internet-of-things-knapp-27-milliarden-vernetzte-geraete-oder-3-iot-gadgets-je-mensch/

[71] https://www.dhs.gov/fusion-centers

[72] https://publicintelligence.net/fusion-centers/ und https://www.wired.com/2012/03/ff-nsadatacenter/

[73] https://www.br.de/nachrichten/bayern/elektronische-patientenakte-viel-geld-fuer-nichts,SOhkuTS

[74] https://www.google.com/search/howsearchworks/algorithms/

[75] https://de.statista.com/statistik/daten/studie/75188/umfrage/werbeumsatz-von-google-seit-2001/

[76] https://de.statista.com/statistik/daten/studie/459039/umfrage/volumen-des-werbemarktes-in-deutschland/

[77] https://netzpolitik.org/2018/apple-chef-tim-cook-fordert-eine-datenschutzgrundverordnung-fuer-die-usa/

[78] https://www.businessinsider.de/gruenderszene/business/apple-ceo-cook-heizt-streit-mit-facebook/

[79] https://www.giga.de/news/whatsapp-und-imessage-so-einfach-kommt-das-fbi-an-daten/

[80] https://blog.wiwo.de/look-at-it/2018/02/14/im-jahr-2021-stammt-95-prozent-des-gesamten-datenverkehrs-in-rechenzentren-aus-der-cloud/

[81] https://de.wikipedia.org/wiki/Cloud_Computing

[82] https://www.telekom.com/de/konzern/details/einfach-erklaert-m2m-484528

[83] https://www.businessinsider.de/wirtschaft/finanzen/amazon-tueftelt-heimlich-an-einer-erfindung-die-ganze-industrien-veraendern-rb/

[84] https://www.businessinsider.de/wirtschaft/finanzen/amazon-tueftelt-heimlich-an-einer-erfindung-die-ganze-industrien-veraendern-rb/

[85] https://www.security-insider.de/iot-geraete-und-ddos-angriffe-eine-gefaehrliche-symbiose-a-982797/

[86] https://t3n.de/news/2-displays-gestensteuerung-apple-1282354/

[87] https://www.sueddeutsche.de/wirtschaft/coronavirus-usa-arbeitslose-1.4885973

[88] https://www.zeit.de/digital/internet/2014-06/turing-test-eugene-goostman-kritik

[89] https://www.springerprofessional.de/intelligence-quotient-and-intelligence-grade-of-artificial-intel/12291888

[90] https://www.springerprofessional.de/echzeitsysteme/softwareentwicklung/wie-intelligent-ist-eigentlich-eine-ki-/15131566

[91] https://www.businessinsider.de/gruenderszene/business/google-assistent-duplex-telefonate/

[92] https://www.businessinsider.de/tech/stephen-hawking-warnt-vor-den-folgen-kuenstlicher-intelligenz-2018-3/

[93] Ray Kurzweil: Menschheit 2.0. Die Singularität naht. Berlin 2013, ISBN 978-3-944203-04-1

[94] http://www.gletschertraum.de/Lehrmaterialien/KT/23_Skriptum_Daktyloskopie.pdf

[95] http://www.bbc.co.uk/history/historic_figures/faulds_henry.shtml

[96] https://galton.org/books/finger-prints/galton-1892-fingerprints-1up.pdf

[97] https://www.sueddeutsche.de/reise/mehr-biometrie-bei-der-us-einreise-haende-her-1.225550

[98] https://de.wikipedia.org/wiki/IPhone_5s

[99] https://www.golem.de/news/iphone-5s-im-test-ein-ring-zum-abschaffen-der-passwoerter-1309-101725-3.html

[100] https://www.ccc.de/de/updates/2013/ccc-breaks-apple-touchid

[101] https://www.logitel.de/glossar/face-id.html

[102] https://nzzas.nzz.ch/wissen/die-mimik-sagt-dem-smartphone-alles-ld.1342249

[103] https://apps.apple.com/us/app/measurekit-ar-ruler-tape/id1258270451

[104] https://www.zdnet.com/article/does-someone-else-secretly-have-access-to-your-iphone-or-ipad/

[105] https://www.stern.de/digital/gefaelschte-ausweise--gestohlene-identitaeten--der-darknet-handel-mit-biometrischen-daten-8200052.html

[106] https://www.diplomatic-council.org/de/node/851

[107] https://www.diplomatic-council.org/de/node/851

[108] https://www.br.de/nachrichten/netzwelt/biometrische-daten-sind-nicht-sicher-100,QzqxW02

[109] https://www.heise.de/news/Gesetzentwurf-Online-Ausweis-soll-aufs-Handy-wird-aber-teuer-5049183.html

[110] https://www.br.de/br-fernsehen/sendungen/dokthema/biometrischer-datenhandel-darkweb-paesse-kriminelle-100.html

[111] https://www.n-tv.de/reise/Fotos-aller-zehn-Finger-article339380.html

[112] Die dunkle Dekade, Andreas Dripke, Hang Nguyen, DC Publishing, ISBN 978-3-947818-17-4

[113] https://www.msn.com/de-de/nachrichten/finance-top-stories/frankreich-kein-pass-kein-konto-keine-rente-frau-wird-für-tot-erklärt-—-und-kann-nicht-beweisen-dass-sie-lebt/ar-AAM04lu

[114] https://www.bundesregierung.de/breg-de/aktuelles/zustimmung-corona-massnahmen-1769540

[115] https://www.heise.de/tp/features/Coronavirus-Das-Versagen-der-alternativen-Medien-4695112.html

[116] https://www.nzz.ch/feuilleton/covid-der-virus-stuerzt-westliche-demokratien-in-den-abgrund-ld.1554390

[117] https://www.wz.de/panorama/wissenschaft/gestorbene-corona-patienten-alle-mit-vorerkrankungen_aid-50187935

[118] https://www.ndr.de/nachrichten/hamburg/Rechtsmediziner-Pueschel-Angst-ist-ueberfluessig,pueschel306.html

[119] https://www.spiegel.de/panorama/ken-jebsen-attila-hildmann-xavier-naidoo-die-unheimliche-macht-der-verschwoerungstheoretiker-a-00000000-0002-0001-000 https://www.swr.de/wissen/spacex-crew-dragon-start-100.html 0-000170923490

[120] https://www.humanresourcesmanager.de/news/dunning-kruger-effekt-was-ist-das.html

[121] https://lexikon.stangl.eu/1500/dunning-kruger-effekt/

[122] https://www.businessinsider.com/nearly-half-of-reopen-america-twitter-accounts-are-bots-report-2020-5

[123] https://www.msn.com/de-de/nachrichten/finance-top-stories/automatisierte-bots-kaufen-zum-verkaufsstart-der-ps5-große-stückzahlen-der-konsole-ist-dies-bald-strafbar/ar-BB1d9C10

[124] https://futurezone.at/digital-life/deepfake-barack-obama-schimpft-in-video-ueber-donald-trump/400023301

[125] https://www.forbes.com/sites/robtoews/2020/05/25/deepfakes-are-going-to-wreak-havoc-on-society-we-are-not-prepared/

[126] https://www.dw.com/de/studie-militärausgaben-steigen-weltweit/a-52382220

[127] https://www.spiegel.de/politik/ausland/ex-general-richard-barrons-ueber-den-krieg-der-zukunft-kampfroboter-bekommen-keine-pension-a-058c61c5-e4c2-4845-9d0e-33f3a7a3e4cc

[128] https://www.heise.de/security/meldung/Spectre-NG-

[129] https://www.bloomberg.com/news/features/2018-10-04/the-big-hack-how-china-used-a-tiny-chip-to-infiltrate-america-s-top-companies

[130] https://www.golem.de/news/soc-sicherheitsluecken-in-mediatek-chips-in-millionen-smartphones-2111-161360.html

[131] https://techrush.de/always-on-kamera-von-neuen-android-smartphones-schaut-dauerhaft-zu/?cookie-state-change=1649685167551

[132] https://www.chip.de/news/Huawei-Xiaomi-in-der-Kritik_183828568.html

[133] https://www.sueddeutsche.de/digital/propaganda-im-us-wahlkampf-manipuliert-mit-gruessen-aus-st-petersburg-1.3732249

[134] https://www.psw-group.de/blog/hackerangriffe-2018/6673

[135] https://www.zeit.de/news/2018-10/05/auch-die-bundesregierung-sieht-russland-hinter-cyberattacken-181005-99-245098

[136] https://www.bild.de/digital/internet/internet/walker-jagt-wannacry-hacker-nordkorea-trainiert-sie-wie-olympia-sportler-73307782.bild.html

[137] https://www.stern.de/digital/online/nordkorea--diese-drei-hacker-gruppen-bringen-kim-jong-un-milliarden-ein-8906512.html

[138] https://www.futurezone.de/digital-life/article211395299/Studie-Nordkorea-hat-vermutlich-Devisen-aus-Suedkorea-im-Blick.html

[139] https://www.br.de/nachrichten/deutschland-welt/made-in-israel-hacking-tools-fuer-den-lauschangriff,SNTteWq

[140] https://www.br.de/nachrichten/deutschland-welt/opfer-entdeckte-die-spionagesoftware-selbst,68rkgdht64u32e9q6ru3ce1p70u3g

[141] https://www.spiegel.de/netzwelt/netzpolitik/bka-hat-umstrittene-ueberwachungssoftware-von-nso-gekauft-a-8c8039a4-a8d5-49a3-8a4b-afdf98fd165a

[142] https://googleprojectzero.blogspot.com/2021/12/a-deep-dive-into-nso-zero-click.html

[143] https://www.spiegel.de/panorama/justiz/emir-von-dubai-liess-handy-seiner-ex-frau-ausspaehen-a-60d1fbaf-bc39-452d-b7c3-b44c582d974f

[144] https://www.reuters.com/technology/exclusive-senior-eu-officials-were-targeted-with-israeli-spyware-sources-2022-04-11/

[145] https://www.heise.de/news/Mit-NSO-Spyware-Mindestens-neun-iPhones-in-US-Aussenministerium-infiltriert-6286527.html

[146] https://www.iphone-ticker.de/wegen-erfolgreicher-iphone-hacks-apple-verklagt-israelischen-nso-group-182905/

[147] https://www.heise.de/news/Apple-warnt-thailaendische-Aktivisten-vor-staatlicher-Ueberwachung-6275949.html

[148] https://www.spiegel.de/netzwelt/netzpolitik/hersteller-von-spionage-software-verklagt-israelische-zeitung-a-3e9473d0-6f3a-4c47-9211-f1f9e7cfee85

[149] https://www.zeit.de/digital/datenschutz/2017-06/staatstrojaner-gesetz-bundestag-beschluss

[150] https://netzpolitik.org/2021/verfassungsschutz-und-bundespolizei-bundestag-beschliesst-staatstrojaner-fuer-geheimdienste-und-vor-straftaten/

[151] https://www.bka.de/DE/UnsereAufgaben/Ermittlungsunterstuetzung/Technologien/QuellentkueOnlinedurchsuchung/quellentkueOnlinedurchsuchung_node.html

[152] https://netzpolitik.org/2022/nach-pfaendung-staatstrojaner-hersteller-finfisher-ist-geschlossen-und-bleibt-es-auch/

[153] https://www.spiegel.de/netzwelt/netzpolitik/bundestag-genehmigt-staatstrojaner-fuer-alle-a-d01006d4-a530-41c9-ad69-21a3990acfa8?sara_ecid=soci_upd_KsBF0AFjflf0DZCxpPYDCQgO1dEMph

[154] https://www.zitis.bund.de/DE/Home/home_node.html

[155] https://www.pwclegal.de/datenschutz/beschlussfassung-ueber-das-it-sicherheitsgesetz-2-0/

[156] https://www.welt.de/wirtschaft/article225025323/IT-Sicherheit-Wirtschaft-fuerchtet-sich-vor-neuem-Hacker-Gesetz.html

[157] https://www.spiegel.de/netzwelt/gadgets/apple-wie-der-tech-gigant-nutzer-vor-staatstrojanern-schuetzen-will-a-3e12cd7c-d61c-464f-bd79-353784c99a16